DAS PERFEKTE DINNER

Neue Siegermenüs

vgs EGMONT

Originalausgabe:

verlegt durch EGMONT Verlagsgesellschaften mbH, Gertrudenstraße 30-36, 50667 Köln

Redaktion extern und Texterstellung: Stefanie Zeller, Königskind Projektagentur
Redaktion intern: Gabriele Kalmbach und Cindy Witt
Koordination zwischen den Medien: Sylvia Breuing (RTL interactive); Ralf Nöbel, Sandra Schranz und Janine Stotz (VOX)
Menükommentare: Andreas Hutzler
Lektorat: Gabriele Kalmbach und Cindy Witt
Produktion: Simone Nauerth
Layout und Satz: Carmen Strzelecki, Grafikdesign & Illustration, Köln
Umschlaggestaltung: Zero Werbeagentur, München
unter Verwendung eines Fotos von Gollhardt/Wieland

Kandidatenbilder: privat
Foodfotos: Stephan Wieland, Düsseldorf; Cornelis Gollhardt, Köln
Foodstyling: Stephan Krauth, Köln
Illustrationen: Carmen Strzelecki, Köln

Fotos: S. 44 © Picture Press / Maike Jessen, S. 82 © StockFood.com / Rob Fiocca Photography, S. 124 © Picture Press / Heiner Orth, S. 150 © StockFood.com / Strauss, F.

Druck: Firmengruppe APPL, aprinta druck, Wemding
ISBN 978-3-8025-3687-8

www.vgs.de

Neue Siegermenüs

Das perfekte Dinner: Woche für Woche verfolgen Zuschauer, wie fünf ambitionierte Hobbyköche einen unterhaltsamen Wettkampf am Herd austragen. Wenn am Ende das Ergebnis feststeht, weiß jeder: der Sieger hat sich mächtig ins Zeug gelegt! Damit auch Ihnen zu Hause ein perfektes Dinner gelingt, stellen 20 Sieger und Siegerinnen hier ihre Menüs vor.

Tipps & Timing: Alle Rezepte werden von ausführlichen Tipps zu Einkauf, Planung und – ganz wichtig! – dem richtigen Timing begleitet. Denn so ganz einfach ist es ja schließlich nicht, drei Gänge ohne Pannen aufeinander abzustimmen und sich gleichzeitig lächelnd und entspannt um die Gäste zu kümmern. Und lassen Sie sich von den Vorschlägen für Ihre Tischdekoration inspirieren – mit kleinem Aufwand erzielen Sie große Wirkung.

Probieren geht über Studieren: Dieses Motto gilt auch beim Kochen. Selbst detaillierte Rezepte lassen immer noch Spielraum für die Kreativität des Kochs. Und das soll auch so sein – denn kein guter Koch geht am Herd ausschließlich nach Zahlen vor. Gerade Profiköche verlassen sich in letzter Instanz auf ihr Gespür, wenn sie mit dem Finger prüfen, ob ein Steak den richtigen Garpunkt erreicht hat. Und das individuelle Abschmekken ist ebenso wichtig wie eine genaue Waage. Kochen lernt man nicht nur aus Büchern, sondern auch und vor allem am Herd.

Die hohe Kunst des Würzens: In diesem Sinne sollten Sie die Rezepte in diesem Buch als Anregung verstehen – als einen Leitfaden, der Sie aber von Experimenten nicht abhalten soll. Dies gilt vor allem für die Verwendung von Gewürzen und Kräutern. Tasten Sie sich also langsam an das Würzen heran, probieren Sie – und entscheiden Sie dann. Erst Ihr eigener Praxistest macht ein gutes Rezept zu Ihrem Rezept.

Unsere Besten: Die neuen Siegermenüs haben alle diesen Praxistest schon (mindestens ...) einmal durchlaufen. Und die Jury ist, wie Sie wissen, eine der härtesten. Also ist eines garantiert: Es schmeckt! Und gelingt.

Alle Rezepte sind für 5 Personen berechnet.

INHALT

3 Einleitung

YVONNE: Menü 1

9 Matjes-Yoghurt-Terrine mit Äpfeln und Dill an Salat

10 Fischspieß auf Gemüsestrudel mit Wermut-Thymiansoße

12 Orangenparfait mit Orangen-Fenchelsalat

KARIN: Menü 2

15 Saltimboccaröllchen vom Seeteufel auf Rapunzelsalat

16 Ossobuco mit Tagliatelle und grünem Spargel

18 Amarettocreme Florenz mit karamellisierten Mangos

THOMAS: Menü 3

22 Cremiger Genuss aus einer Beerenfrucht

24 Bayerisches Rind von der Kräuterwiese

26 Süßer Dialog von Frucht und Schokolade

27 Warenkunde: Kardamom

NIKOLAI: Menü 4

30 Spargel-Lachs-Lasagne mit Wasabi-Schaum

32 Schwarzes Lammkarree auf Zucchinigemüse und Mandelpolenta

34 Orientalisches Milchreissoufflee und Honigeis

35 Warenkunde: Dattel

KARSTEN: Menü 5

38 Das kaiserliche Tatar

40 Wildhasenfilet in Brotkruste mit Schwarzwurzeln und Maronensoße

42 Eisiges Schwarzwälder Kirschtörtchen

39 Warenkunde: Zwiebel

44 Der gedeckte Tisch: Leicht und luftig

HUBERTA: Menü 6

48 Festtags-Quiche

50 Hirschkugel in Wacholder-Rahm mit Preiselbeeren, Speckwirsing und Kartoffeln

52 Topfencreme auf Holunderblütenjus

53 Warenkunde: Zitrusfrüchte

TRIXI: Menü 7
55 Paprikaschaumsüppchen
56 Kalbsbraten mit Sommerpilzen und frischem Gemüse
58 Cantuccini-Amaretto-Creme auf Erdbeeren

MICHAEL: Menü 8
62 Variationen von der Jakobsmuschel
64 Rehrücken aus Kräuterdampf mit Steinpilzen und Kartoffelstampf
66 Quittenparfait mit Birnentarte und Zabaione

67 Warenkunde: Birne

MICHAEL: Menü 9
69 Rotbarbenfilet auf Friséesalat mit Pesto
70 Spanferkelrücken mit Ochsenschwanzsoße
72 Ganache von Schokolade mit Früchten

CORNELIUS: Menü 10
76 Weißer Tomatenschaum auf Pistazienbiskuit mit Kaviar und Tomatenconsommé
78 Spieß von Jakobsmuscheln und Scampi auf Kokosrisotto und Thai-Curryschaum
80 Passionsfruchttörtchen

81 Warenkunde: Passionsfrucht

82 Der gedeckte Tisch: Warm und einladend

BARBARA: Menü 11
86 Senfmousse mit Lachstatar
88 Entenbrust mit Balsamico-Feigensoße
90 Toffee-Brownies mit Rotwein-Apfel

91 Warenkunde: Apfel

FABIO: Menü 12
93 Tomaten-Sherry-Macchiato mit Knoblauchkrokant und geröstetem Gemüse
94 Gekräuterte Rindermedaillons in Madeirajus mit Basilikum-Gnocchi an Austernpilzsalat
96 Amaretto-Törtchen mit Walnusskrokant auf karamellisiertem Vanillebett

JOSEF: Menü 13

99 Feldsalat mit Kartoffel-Meerrettich-Dressing und gebratenem Zander

100 Ribeye vom Wagyu-Kobe-Rind an Anchovisoße, grünen Bohnen und Kartoffelgratin

102 Schwäbischer Eisguglhupf mit Vanilleschaum und Mango-Chili-Ragout

INGRID: Menü 14

106 Mousseline von der Erbse, Möhrensüppchen und Garnelen an Spinatsalat

108 Rinderbraten in Barolojus an Artischockenpüree und feinem Gemüse

110 Zitronen-Crêpe auf Beerenspiegel

111 Warenkunde: Erdbeere

THOMAS: Menü 15

113 Kirschtomaten mit Chilizucker und Parmesanchips

114 California-Tunasteak mit Lauchzwiebeln und rotem Pfeffer

116 Joghurt-Granita mit schwarzen Johannisbeeren

ORNELLA: Menü 16

119 Insalata di Carciofi mit Gamberi und Parmesan

120 Lotte auf Cavatielli mit frischen Tomaten

122 Semifreddo al basilico an frischen Früchten

124 Der gedeckte Tisch: Sommerlich und frisch

GREGOR: Menü 17

128 Forellenfilets auf Selleriemousse mit Brunnenkressepesto

130 Filet von der Dorade auf Ratatouillegemüse

132 Mangoquark im Glas

129 Warenkunde: Forelle

MARK: Menü 18

136 Seeteufel-Bäckchen mit zweierlei Saucen auf schwarzem Risottoreis

138 Perlhuhn mit Morchelsoße auf Gemüse aus dem Wok

140 Weintraubenbeignets im Himbeersüppchen

141 Warenkunde: Himbeere

RALF: Menü 19

144 Basilikumnudeln mit Lauchjulienne und Räucherlachs

146 Gratiniertes Entrecôte mit gebratenem Grießstrudel und Steckrübengemüse

148 Champagnertörtchen auf Rotweinschaum

149 Warenkunde: Zucker

150 Der gedeckte Tisch: Einfach und ideenreich

BERND: Menü 20

153 Jakobsmuscheln in der Sesamkruste auf Hoisin-Zwiebeln und Avocado

154 Kaninchenfilet und Gambas auf Pflaumengemüse

156 Garnatxa-Parfait, Creme de Xocolate und Wildpfirsich-Flan

158 Register

Ein Siegermenü erkennt man ganz leicht daran, dass es dabei nur Gewinner gibt.

Menü 1

Matjes-Yoghurt-Terrine mit Äpfeln und Dill an Salat

Fischspieß auf Gemüsestrudel mit Wermut-Thymiansoße

Orangenparfait mit Orangen-Fenchelsalat

Yvonne aus Rostock liest Kochbücher wie andere Romane. Sie liebt es neue Gerichte zu kreieren und dabei ganz unkonventionell verschiedene Zutaten zu vereinen.

Timing

Bereiten Sie die Terrine schon am Morgen vor, da sie einige Stunden kalt stehen muss, um fest zu werden.

Der Strudelteig muss 2 Stunden gehen, dann aber sofort weiterverarbeitet werden – achten Sie bei Ihrer Planung darauf. Am besten steht er schon gefüllt und gerollt beim Eintreffen der Gäste zum Backen bereit. Achtung: Backofen vorheizen nicht vergessen!

Das Dessert macht viel her, kann aber – bis auf den Fenchelsalat, der frisch gerieben werden muss – gut am Morgen oder bereits am Abend vorher vorbereitet werden. Der Traum eines jeden Gastgebers ...

So geht's

Eine **Orange** filetieren Sie ganz einfach, indem Sie die Frucht schälen und dann mit einem kurzen, scharfen Messer an den Trennhäuten der einzelnen Spalten entlang nach innen schneiden und das Fruchtfleisch heraustrennen. Zurück bleibt nur das „Gerüst", das heißt der Kern und die Haut zwischen den einzelnen Orangenspalten.

Mit einem einfachen Küchentuch lässt sich der **Strudel** ganz gleichmäßig rollen. Den Teig so dünn darauf ausrollen, dass das Muster des Tuches zu sehen ist, die Füllung mittig auflegen, die Seiten einklappen, damit nichts verloren geht. Dann zusammen mit dem Tuch ein Ende einklappen, dann das andere. Zum Auflegen auf das Blech das Tuch leicht anheben und nach vorne ziehen (mit Gefühl!), damit der Teig sich weiter rollt. So reißt der dünn gerollte Teig nicht.

Übrigens

Matjes sind junge Heringe, die noch nicht gelaicht haben. Sie sind fangfrisch deswegen auch nur von Mai bis etwa Juli im Handel erhältlich. Der klassische Matjes reift in Eichenfässern mit Salz – und zwar mit Gräte und Schwanz. Die Bauchspeicheldrüse des Fisches liefert dabei das notwendige Enzym für die Reifung. So wird er besonders zart. Achten Sie darauf, dass der Fisch helles Fleisch hat und leicht nach Butter duftet. Dann ist er wirklich jung und frisch. Das „Matjesfilet nordische Art", das in Deutschland vielerorts zu finden ist, ist in Öl eingelegt. Hier reift der Fisch in Zucker, Salz, Gewürzen und Säuerungsmittel – und ohne Gräte. Er schmeckt salziger und säuerlicher und oft auch weniger zart als sein klassisch gereifter Kollege.

Das kann vorbereitet werden

- Terrine kalt stellen
- Strudelteig kneten und gehen lassen
- Strudel füllen und einrollen
- Fisch und Gemüse auf Rosmarinzweige ziehen
- Parfait und Creme kalt stellen

Nicht vergessen

Beim Ausrollen des Strudelteiges nicht ungeduldig werden! Je dünner der Teig, desto besser.

Matjes-Joghurt-Terrine mit Äpfeln und Dill an Salat

Zutaten

Für die Joghurt-Terrine
200 g Joghurt
200 g Mascarpone
½ großer Apfel
1-2 Matjesfilets
6 Blatt Gelatine
50 g Dill
1 TL Pastis
150 ml Sahne

Für den Apfelaspik
4 Blatt Gelatine
250 ml Apfelsaft
1 Messerspitze Chili
Salz
Pfeffer

Für den Salat
Blattsalate
3 EL Olivenöl
2 EL weißer Balsamico-Essig
Salz
Pfeffer

1 Für die **Terrine** Joghurt mit Mascarpone zu einer glatten Masse verrühren.
2 Apfel und Matjes in kleine Würfel schneiden.
3 Gelatine einweichen und erwärmen, in die Joghurt-Mascarpone-Masse geben und Matjes, Dill und Apfel sowie Pastis unterheben. Zum Schluss die Sahne schlagen und ebenfalls unterheben.
4 Das Ganze in eine Terrinenform geben und mindestens 3 Stunden kalt stellen, damit die Masse schnittfest wird.
5 Für den **Apfelaspik** die Gelatine in kaltem Wasser ca. 5 Minuten quellen lassen. 50 ml Saft zusammen mit einer Messerspitze Chili erhitzen und die Gelatine darin auflösen. Dann mit dem kalten Apfelsaft verrühren und mit Salz und Pfeffer würzen. In eine Form gießen und ca. 3 Stunden im Kühlschrank erkalten lassen.
6 Den Apfelaspik in Streifen schneiden. Den Salat mit einer leichten Vinaigrette (siehe S. 15) als Bouquet auf dem Teller mit der Terrine zusammen anrichten und mit den Apfelaspikstreifen dekorieren.

Zum kräftigen Matjes schmeckt ein erfrischender Rosé, wie zum Beispiel ein portugiesischer Alandra mit fruchtig-leichtem Erbeeraroma.

Die Terrine ist das Schwesterchen der Pastete. Beide bestehen aus sehr fein gehacktem Fleisch oder Fisch. Der Unterschied: eine Terrine ist sozusagen eine nackte Pastete. Sie trägt nämlich keinen Teigmantel. Frei nach der Bauernweisheit: in der Not / schmeckt die Wurst / auch ohne Brot.

Fischspieß auf Gemüsestrudel mit Wermut-Thymiansoße

Zutaten

Für den Strudelteig

300 g Mehl
1 Prise Salz
3-4 EL Öl
50 g geschmolzene Butter
1 kleiner Becher Naturjoghurt
Wasser nach Bedarf

Für die Strudelfüllung

150 g Zucchini
150 g kleine Champignons
300 g Kohlrabi
150 g Paprika
Muskat
Salz
Pfeffer
Kräuter der Provence
1 Apfel
150 g Zuckerschoten
Butter, flüssig
Eigelb
Parmesan zum Bestreuen
Butter
Mehl zum Arbeiten

Für die Fischspieße

Paprika
Zucchini
400 g Seeteufel
600 g Lachsfilet
5 Rosmarinzweige
1 Handvoll geschnittene Frühlingszwiebeln
trockener Wermut nach Geschmack
Salz
Pfeffer
1 Schuss Sahne

Die kräftige Gemüsebeilage verträgt sich mit einem buttrigen Chardonnay, eventuell aus Neuseeland, mit einer leichten Vanillenote aufs Beste.

1 Für den **Teig des Gemüsestrudels** das Mehl in eine Rührschüssel sieben, anschließend Salz, Öl, geschmolzene Butter und Joghurt dazugeben. Nach und nach so viel Wasser zugeben, bis sich die Masse vom Boden löst und glatt und weich wird. Dann den Teig mit Öl bestreichen und abgedeckt ca. 2 Stunden ruhen lassen. Danach ganz dünn auf einem bemehlten Handtuch ausrollen.

2 Für die **Füllung des Strudels** alle Zutaten waschen bzw. putzen, entkernen und grob würfeln. Zucchini, Pilze, Kohlrabi und Paprika scharf und bissfest anbraten, mit Muskat, Salz, Pfeffer und Kräutern der Provence würzen und vorsichtig auf den Teig geben.

3 Apfel schälen und in Würfel schneiden und mit den Zuckerschoten roh auf den Teig geben. Alles nochmals vorsichtig nachwürzen.

4 Anschließend den Teig dünn mit flüssiger Butter bestreichen und mithilfe des Küchenhandtuchs rollen (erst an einer breiten Seite einschlagen, dann weiterrollen bis zum Ende), mit Eigelb bestreichen und für 40 Minuten bei 180 °C im vorgeheizten Ofen backen. Zum Schluss mit Parmesan bestreuen und weitere 5 Minuten backen. Übrig gebliebenes Gemüse in Butter anschwenken, würzen und beim Anrichten über den Strudel geben.

5 Für die **Fischspieße** die Paprika und die Zucchini waschen, die Paprika entkernen und beides sowie auch den gewaschenen Fisch in gleich große Stücke schneiden. Dann den Lachs und den Seeteufel separat auf Rosmarinzweige spießen. Anschließend würzen und scharf anbraten. Dabei erst den Seeteufel, dann kurz danach den Lachs in die Pfanne geben, weil sie unterschiedliche Garzeiten haben. Dann gar ziehen lassen. Dazu die Pfanne vom Herd nehmen und zudecken.

6 Die Frühlingszwiebeln anschwitzen und mit dem Bratensaft der Spieße ablöschen. Mit Wermut, Salz, Pfeffer und einem Schuss Sahne verfeinern und aufkochen lassen.

7 Den Strudel aufschneiden und zusammen mit den Fischspießen, dem Gemüse und den Frühlingszwiebeln auf einem Teller anrichten.

Orangenparfait mit Orangen-Fenchelsalat

Zutaten

Für das Bitterlikör-Orangenparfait

2 Eigelb

25 g Zucker

100 ml frisch gepresster Orangensaft

italienischer Bitter (roter Kräuterlikör) nach Geschmack (ca. 2 cl)

250 ml geschlagene Sahne

Für die Orangenlikörcreme

200 ml frischer Orangensaft

6 Blatt eingeweichte Gelatine

1 TL geriebene Orangenschale

50 ml Mandelsirup

Zucker nach Geschmack

Orangenlikör nach Geschmack (ca. 2 cl)

500 ml Sahne

Für den Orangen-Fenchelsalat

5 große Orangen

1-1,5 geriebene Fenchelknolle

Honig nach Geschmack

Für die Deko

Kumquats

Zucker

Minzblätter

Puderzucker

1 Für das **Bitterlikör-Orangenparfait** Eigelb mit Zucker, Orangensaft und Bitter im heißen Wasserbad schaumig schlagen, dann im kalten Wasserbad kalt rühren. Anschließend die geschlagene Sahne unterheben, das Ganze in eine Kastenform (1 l Volumen) geben und einfrieren.

2 Für die **Orangenlikörcreme** die Gelatine in kaltem Wasser einweichen. Dann den Orangensaft, Zucker, Mandelsirup und Orangenschale vermischen. 3 EL davon erwärmen, die Gelatine darin auflösen und wieder mit dem Rest vermischen. Likör hinzufügen und weiter abkühlen lassen. Noch vor dem Gelieren die geschlagene Sahne unterziehen und das Ganze in eine Schale geben und kalt stellen.

3 Für den **Orangen-Fenchelsalat** pro Person eine große Orange filetieren und mit geriebenem Fenchel und Honig verrühren.

4 Kumquats in Scheiben schneiden, in eine Kasserolle geben, Zucker zufügen und solange erhitzen, bis die Früchte karamellisieren.

5 Das Parfait in Scheiben schneiden, Nocken aus der Creme stechen und jeweils auf einem Teller mit karamellisierten Kumquats und dem Salat anrichten. Mit Minze und Puderzucker verzieren.

Ein trockener Champagner passt gut zu den verschiedenen Orangenaromen des Desserts.

Menü 2

Saltimboccaröllchen vom Seeteufel auf Rapunzelsalat

Ossobuco mit Tagliatelle und grünem Spargel

Amarettocreme Florenz mit karamellisierten Mangos

Karin aus Saarbrücken hat schon als Kind mit ihrer Mutter neue Rezepte ausprobiert. Ihrer Familie macht sie mit einem tollen Essen gerne eine Freude und genießt dabei auch die entspannte Atmosphäre. Am liebsten bereitet sie Braten, Vorspeisen und Salate zu.

Timing

Die frische und leichte Vorspeise ist schnell zubereitet. Der Salat kann im Voraus geputzt und die Salatsoße angerührt und kurz vor dem Mischen mit dem Salat noch einmal aufgeschlagen werden. Seeteufel und Scampis braten Sie nur kurz an (Stellen Sie sich lieber eine Uhr – drei Minuten sind schneller vergangen als Sie denken ...) und servieren sie dann heiß zum Salat.

Die Kalbshachse muss zusammen mit dem Wurzelgemüse 1,5 Stunden im Ofen schmoren (also eventuell schon vor dem Eintreffen der Gäste in den Ofen schieben!). Dann wird das Fleisch warm gehalten, während Sie das Gemüse pürieren und die Soße einreduzieren lassen. Kalkulieren sie ausreichend Zeit dafür ein (ca. 15 Minuten)! Am besten werfen Sie erst ganz zum Schluss die Tagliatelle ins kochende Wasser und den vorgegarten Spargel in die heiße Butter (lange genug durchschwenken, damit er wieder anwärmt!), damit Ihre Gäste nicht auf kalten Beilagen kauen. Rechnen Sie also mit einer kleinen Pause zwischen Vor- und Hauptspeise, in der Ihre Gäste ohne Sie auskommen müssen.

So geht's

Vorsicht beim Salzen der **Seeteufelfilets**, denn der Parmaschinken ist kräftig und salzig. Und: Entfernen Sie sorgfältig eventuelle Reste der Haut, denn die zieht sich beim Braten zusammen!

Übrigens

Ossobuco, der „Knochen mit Loch" – nach dem Hohlknochen, der die Hachse durchzieht – ist eine italienische Spezialität, ein traditionelles Schmorgericht. Die Kalbshachse ist ein Teilstück der Hinter- oder der Vorderkeule des Kalbes. Hierfür wird die Hachse vom Kalb (den süddeutschen Köchen auch als „Haxe" bekannt) quer zum Knochen in ca. 4 bis 5 Zentimeter dicke Beinscheiben geschnitten. Übrigens: Teile aus der Hinterhachse sind schwerer und fleischiger als die aus der Vorderhachse.

Das kann vorbereitet werden

- Salat putzen und Salatsoße mixen
- Spargel putzen und vorgaren
- Zwiebeln und Wurzelgemüse putzen und schneiden

Nicht vergessen

Den Seeteufel auf keinen Fall zu lange in der Pfanne lassen, sonst wird er ruckzuck zu Gummi.

Saltimboccaröllchen vom Seeteufel auf Rapunzelsalat

Zutaten

Für den Rapunzelsalat

300 g Rapunzelsalat (Feldsalat)
15 g Rucola
2 rote Zwiebeln
15 kleine Strauchtomaten
1 großes Bund glatte Petersilie

Für die Saltimboccaröllchen

10 Seeteufelfilets
Salz
10 Salbeiblätter
10 Scheiben Parmaschinken
Butter zum Anbraten
10 Scampi

Für die Salatsoße

ein wenig Senf
ein wenig Honig
3 EL Olivenöl
2 EL weißer Balsamicoessig
2-3 Spritzer Zitrone
Salz
Pfeffer

1 **Salat** putzen und waschen. Die Zwiebeln schälen und fein würfeln. Die Tomaten waschen und in mundgerechte Stücke schneiden. Die Petersilie waschen und hacken. Anschließend alles vermengen.
2 Die **Seeteufelfilets** salzen und mit einem Blatt Salbei und einer Scheibe Schinken umwickeln. Dann von jeder Seite ca. 3 bis 4 Minuten in Butter braten. Zum Schluss die Scampi ebenfalls in einer Pfanne braten.
3 Alle Zutaten für die **Salatsoße** miteinander verrühren und über den Salat geben.
4 Die Saltimboccaröllchen und die Scampi zusammen mit dem Salat auf Tellern anrichten.

Hierzu passt ein würziger Pinot Grigio.

Saltimbocca ist italienisch und heißt „Spring in den Mund". Beglücken Sie Ihre Gäste mit dieser Information aber erst, wenn alle Ihr Saltimbocca ausreichend gelobt haben. Sonst kommt am Ende noch jemand auf die Idee, Sie zu fragen, was „Spring aus dem Mund" heißt.

Ossobuco mit Tagliatelle und grünem Spargel

Zutaten

Für das Ossobuco

10 Scheiben Kalbshachse (vom Metzger schneiden lassen)
Salz
Pfeffer
Mehl
Butterschmalz
1 Zwiebel, geschält und gehackt
3 Karotten
2 Stangen Lauch
1 Sellerie
500 ml Kalbsfond
1 Flasche trockener Rotwein
Tomatenmark
Knoblauch, sehr fein gehackt nach Geschmack
1 Zweig Rosmarin, gehackt
125 ml Sahne

Für die Beilagen

1 kg grüner Spargel
Zucker
Salz
Butter
300-400 g Tagliatelle
Olivenöl

1 **Kalbshachsenscheiben** mit Salz und Pfeffer würzen und in Mehl wenden. Anschließend in einer tiefen Pfanne in Butterschmalz von jeder Seite kurz anbraten, bis sie etwas knusprig sind. Dann das Fleisch wieder aus der Pfanne nehmen und beiseite stellen.
2 In derselben Pfanne die Zwiebelstücke anschwitzen sowie das geputzte und klein geschnittene Wurzelgemüse. Anschließend alles mit Kalbsfond ablöschen und den Rotwein dazugeben. Danach weiter köcheln lassen und ein wenig Tomatenmark, Knoblauch und Rosmarin zugeben.
3 Nun das Fleisch wieder hinzugeben und mit Deckel bei ca. 170 °C Umluft 1,5 Stunden im Backofen garen lassen. Danach das Fleisch zum Warmhalten in Alufolie packen und die Soße mit dem Mixstab pürieren. Dann die Sahne zugeben und das Ganze einreduzieren lassen.
4 Den **Spargel** putzen und in Wasser mit Zucker und Salz kurz blanchieren, abschrecken und später in etwas Butter in der Pfanne erhitzen.
5 Die **Tagliatelle** in viel Wasser mit Salz und Olivenöl kochen.
6 Das Fleisch auf einem Soßenspiegel zusammen mit den Tagliatelle und dem Spargel anrichten.

Reichen Sie zu diesem kräftigen Schmorgericht einen Rotwein, wie einen italienischen Bardolino, kräftig aber mild und mit einem leichten Anklang von Mandeln.

Amaretto-Creme Florenz mit karamellisierten Mangos

Zutaten

Für die Amaretto-Creme
2 Eigelb
6 EL Zucker
2 Päckchen Vanillezucker
500 g Mascarpone
250 g Quark
1 Spritzer Zitrone
200 ml Amaretto
125 ml Sahne
1 Packung Sahnesteif
150 g harte Amarettinis

Für die karamellisierten Mangos
2 große reife Mangos
Zucker
Butter
Wasser
Amaretto

1 Für die **Creme** die Eigelb mit Zucker und Vanillezucker schaumig rühren. Mascarpone, Quark, Zitronensaft und Amaretto dazugeben und weiter mit einem elektrischen Rührgerät verquirlen.
2 Die Sahne mit Sahnesteif fest schlagen und unter die Mascarpone-Masse rühren.
3 Zum Schluss die Amarettinis zerdrücken und in Bröseln unter die Masse heben.
4 Die **Mangos** in kleine Rechtecke schneiden. Butter, Zucker und etwas Wasser in einer beschichteten Pfanne karamellisieren und die Mangos dazugeben. Mit Amaretto ablöschen. Heiß an der Amaretto-Creme servieren!

Karin reichte hierzu einen moussierenden Dessertwein, dessen Süße köstlich zum Mandelaroma des Amaretto und zur fruchtigen Mango schmeckt.

Das Karamellisieren, also das Schmelzen von Zucker, ist von einem Geheimnis umweht. Die Wissenschaft weiß bis heute nicht genau, welche chemischen Prozesse aus den weißen Zuckerbröseln eine braune Klebepampe namens Karamell machen. Gesichert ist nur: Karamell schmeckt köstlich. Reicht ja auch.

Menü 3

Cremiger Genuss aus einer Beerenfrucht
Bayerisches Rind von der Kräuterwiese
Süßer Dialog von Frucht und Schokolade

Thomas aus Murnau am Staffelsee legt Wert darauf, beim Kochen nur frische und regionale Produkte zu verwenden. Seine größte Herausforderung war es anlässlich einer Geburtstagsfeier ein Menü für 50 Personen zu zaubern.

Timing

Suppen lassen sich gut vorbereiten und sorgen so für einen Gastgeber, der ganz entspannt mit seinen Gästen den Aperitif genießen kann. Auch diese hier, von der „Beerenfrucht" (denn ein Kürbis ist tatsächlich eine Beere), muss nur noch kurz vor dem Servieren mit Sahne, Kokosmilch, Croutons und Pinienkernen verfeinert werden. Die Croutons sollten Sie ganz frisch rösten und heiß auf die Suppe geben, denn kaum etwas liegt so schwer im Magen wie Kaltes und Fettiges. Und schmecken tut es auch nicht ...

Die Soße für die Hauptspeise können Sie schon am Morgen vorbereiten und dann später zu Ende einreduzieren lassen. Das Fleisch braucht 2 Stunden Garzeit, dann 10 Minuten Ruhezeit, sollte also etwa 1,5 Stunden vor dem Beginn Ihres perfekten Dinners im Ofen sein. Der Rest braucht Organisationstalent, um die verschiedenen Komponenten auf den Punkt zu garen. Tipp: Stellen Sie alles Notwendige in Schälchen und Tellern griffbereit. Falls Sie dazu Kartoffeltaler servieren wollen: Die müssen erfreulicherweise lediglich vor dem Anrichten noch einmal in Butter aufgebacken werden.

Alle Bestandteile des Desserts können nicht nur, sie müssen sogar vorbereitet werden, denn beide Mousses und die Soßen warten im kalten Kühlschrank auf ihren Einsatz. Wenn der Hauptgang auf dem Tisch steht, ist das Dinner eigentlich schon geschafft!

So geht's

Bei den meisten **Kürbissen** ist die Schale essbar. Sie wird – keine Sorge! – beim Kochen weich und lässt sich ebenso leicht pürieren wie das Fruchtfleisch. Reife Kürbisse erkennen Sie übrigens am Klang! Wenn Sie mit den Fingerknöcheln auf die Schale klopfen, muss es hohl klingen. Ein weiteres Anzeichen: Der Stiel ist holzig. Und auf keinen Fall sollte er fehlen, denn so fault der Kürbis, der sich ansonsten lange hält, schnell!

Das **Heu** zum Garen sollte Bioqualität haben und ist in jedem gut sortierten Zoofachhandel erhältlich.

Wenn's wirklich perfekt sein soll

Damit das Aroma voll zur Geltung kommt, sollten Sie **Safran** vor der Verwendung in einem kleinen Mörser (in dem Sie möglichst nicht Knoblauch zerstoßen haben sollten ...) pulverisieren und in warmer Flüssigkeit – Brühe, Wasser, Weißwein, sogar Milch für Nachspeisen – einweichen oder auflösen. Perfektionisten wärmen sogar die Safranfäden vor dem Einweichen noch einmal an, zum Beispiel auf der Heizung. Ganz wichtig: Safran sollte nicht zu lange mitgekocht werden, da er sonst an Aroma verliert. Und: Ein Übermaß an Safran lässt das Gericht bitter schmecken.

Das kann vorbereitet werden

- Kürbis und Kartoffel weichkochen und pürieren
- Gratiniermasse vorbereiten und anfrieren
- Soße herstellen
- Gemüse putzen und schneiden
- Dessert vorbereiten und kalt stellen
- Pesto mixen

Nicht vergessen

Die Butter zum Montieren der Soße erst kurz vorher aus dem Kühlschrank holen.

Kartoffeltaler ... passen perfekt zum Rinderfilet

7 mittelgroße Kartoffeln
1 Spritzer Zitrone
1 Zwiebel
2 Eier
Salz
Pfeffer
Muskat
1 Zweig Rosmarin, fein gehackt
2 EL Parmesan, gerieben
Butter
Wiener Grießler (doppelgriffiges Mehl)

Für die Kartoffeltaler die Kartoffeln schälen, raspeln und das Wasser auspressen. Anschließend einen Spritzer Zitrone darüber geben, die abgezogene und fein geriebene Zwiebel sowie die Eier unterziehen. Dann mit Salz, Pfeffer, Muskat, Rosmarin würzen und Parmesan untermischen. Backpapier auf ein Ofenblech legen, die Kartoffelmasse mit einer Palette darauf verteilen und glatt streichen (ca. 7 mm hoch) und im Ofen knapp goldgelb werden lassen, ca. 20 Minuten lang bei 180 °C. Danach erkalten lassen, mit einem Ring Taler ausstechen und diese auf einem Teller mit Wiener Grießler beiseite stellen. Zum Servieren wieder in viel Butter in der Pfanne erwärmen, abtropfen lassen und warm halten.

Cremiger Genuss aus einer Beerenfrucht

Zutaten

1 mittlerer Kürbis (z.B. Hokkaido)
2 Schalotten
2 Zehen Knoblauch
Öl
1 Kartoffel
1 cl französischer Wermut
5 Fäden Safran
500 ml Gemüsebrühe
200 ml Sahne
200 ml Milch
ein Schuss Kokosmilch (nach Geschmack)
1 Prise Curry
ein Schuss heller Balsamicoessig
1 Spritzer Zitrone
Salz
Pfeffer
Tabasco
Worcestersoße
2 Toastbrotscheiben, entrindet und klein gewürfelt
Butter
30 g Pinienkerne
Kürbiskernöl
Kresse

1 Den Kürbis putzen, klein würfeln. Schalotten und Knoblauch schälen und fein würfeln. Dann die Schalotten in Öl glasig werden lassen und etwas Knoblauch zufügen und den Kürbis dazugeben.
2 Die Kartoffel schälen, klein würfeln und später zur Bindung zugeben. Das Ganze mit dem Wermut ablöschen und den aufgelösten Safran und die Gemüsebrühe dazugeben. Alles weichkochen und anschließend pürieren.
3 Die Sahne anschlagen (also nicht ganz steif) und zufügen, sowie Milch, einen Schuss Kokosmilch und zur farblichen Abstimmung ein wenig Curry. Dann das Ganze mit hellem Balsamicoessig, Zitrone, Salz, Pfeffer, Tabasco und Worcestersoße abschmecken.
4 Zum Schluss das klein gewürfelte Toastbrot in reichlich Butter goldbraun werden lassen und auf Küchenkrepp abtropfen lassen. Die Pinienkerne ohne Öl anrösten.
5 Zum Servieren die Suppe in tiefe Teller gießen oder in eine ausgehöhlte Kürbishälfte füllen, einige Croûtons und Pinienkerne zugeben, mit ein paar Tupfen angeschlagener Sahne dekorieren, einige Tropfen Kürbiskernöl und zuletzt etwas Kresse in die Mitte der Suppe streuen.

Hierzu schmeckt ein trockener, fruchtiger und zart spritziger Weißwein, wie ein Lugana Ca'Nova vom Gardasee.

Bayerisches Rind von der Kräuterwiese

Zutaten

Für die Gratiniermasse
200 g weiche Butter
100 g Weißbrotbrösel
1 TL Senf
2 TL Gewürzmischung „Cafe de Paris“ (Zwiebel, Ingwer, Knoblauch, Dijonsenf)
Salz
Pfeffer
Backpapier

Für das Rinderfilet
1 kg Rinderfilet
Olivenöl
2 Zehen Knoblauch
10 g Ingwer
1 Rosmarinzweig
3 cl Heulikör
Salz
Pfeffer
500 g Bio-Heu
100 g Kräuter nach Wahl (Rosmarin, Salbei, Thymian, Petersilie)

Für das Pesto
80 g Rucola
80 g Basilikum
80 g glatte Petersilie
1 TL Pinienkerne
Salz
1 TL Mandeln
etwas Knoblauch
80 ml Olivenöl
1 TL Parmesan
1 Spritzer Zitrone

Für die Soße
30 g Puderzucker
200 ml Rotwein
500 ml Portwein
200 ml Rinderfond
Cassis
Holundergelee
Sojasoße
Worcestersoße
Tabasco
Salz
Pfeffer
ein kleines Stück Bitterschokolade (70%)
kalte Butter (zum Binden)

Reichen Sie hierzu vollmundigen Rotwein mit üppigen Fruchtnoten – wie einen Rispassa Valpolicella aus dem Veneto.

1 Für die **Gratiniermasse** die Butter hell schaumig rühren und mit den restlichen Zutaten vermischen. Mithilfe von Backpapier die Masse zu einer 3 cm dicken Rolle formen und bis zum Gebrauch anfrieren.

2 Das **Rinderfilet** gut parieren und in Olivenöl scharf anbraten. Anschließend den geschälten und klein gehackten Knoblauch und Ingwer sowie Rosmarin dazugeben und das Ganze mit Heulikör ablöschen und flambieren. Dann mit Salz und Pfeffer würzen.

3 Nun Alufolie auslegen, das Bio-Heu und Kräuter darauf legen und das Fleisch mitsamt dem Bratsaft, Gewürzen und Öl darauf geben. Dann ein wenig Heu darauf geben, gut einwickeln und bei 100 °C in den vorgeheizten Ofen auf den Rost legen und ein Blech darunter schieben. Nach ca. 80 Minuten das Fleisch aus dem Ofen nehmen und noch ca. 10 Minuten ruhen lassen.

4 Für das **Pesto** alle Zutaten in einen Mixer geben.

5 Das Fleisch vom Heu befreien und aus der Alufolie nehmen. Dann in ca. 4 cm dicke Scheiben schneiden. Diese dann mit Pesto bestreichen, 2 dicke Scheiben Gratiniermasse darauf geben und in einer Auflaufform nochmals im Ofen ca. 3-5 Minuten bei voller Leistung überbacken, bis die Oberfläche gebräunt ist.

6 Für die **Soße** in einer großen Pfanne den Puderzucker schmelzen, mit Rotwein ablöschen und einreduzieren. Anschließend den Portwein zufügen und erneut einreduzieren. Diesen Vorgang ca. 4- bis 5-mal wiederholen. Nun den Rinderfond zugießen und bis zur gewünschten Konsistenz einreduzieren und mit Cassis, Holundergelee, Sojasoße, Worcestersoße, Tabasco, Salz und Pfeffer abschmecken. Zum Schluss ein kleines Stückchen Bitterschokolade hinein geben und das Ganze mit kalter Butter binden. Dann nicht mehr kochen lassen.

7 Das Fleisch aufschneiden und auf dem Soßenspiegel anrichten. Hierzu passt gedünstetes Gemüse, je nach Geschmack, und Kartoffeltaler.

Süßer Dialog von Frucht und Schokolade

Zutaten

Für die Grundmasse
125 g Vanillezucker
4 Eigelb
250 g Quark (40 %)
1 Vanillestange
Saft und geriebene Schale von 1 Zitrone
200 ml geschlagene Sahne mit
1 Prise Zucker
4 Eiweiß, geschlagen mit
1 Prise Salz
6 Blatt eingeweichte Gelatine

Für die Vanille-Mohnnocken
4 cl Orangenlikör
4 Blätter Gelatine
Hälfte der Grundmasse (s.o.)
125 g Mascarpone
2 EL Mohnback
75 ml Sahne, geschlagen
50 g Eischnee
1 Packung Vanillezucker

Für die Schoko-Amaretto-Mousse
4 cl Amaretto
2 Blätter Gelatine
50 g Marzipanmasse
50 g Vollmilchkuvertüre
50 g Bitter-Kuvertüre
4 EL gesiebter Kakao
Hälfte der Grundmasse (s.o.)
125 g Mascarpone
75 ml Sahne, geschlagen
50 g Eischnee

Für die Waldbeerensoße
1 Packung TK-Waldbeeren
Puderzucker nach Bedarf
Cassis
1 Kardamomkapsel
etwas Limonensaft
etwas Grenadine

Für das Mangopüree
300 g Mangofleisch aus der Dose
2 EL Rum
1 TL Punschkonzentrat
2 cl Barbados-Rum
Puderzucker

1 Für die **Grundmasse** Vanillezucker, Eigelb, Quark, Mark der Vanillestange, Zitronensaft und abgeriebene Zitronenschale schaumig verquirlen. Anschließend kaltstellen. Vor dem Weiterverarbeiten die Sahne, das Eiweiß und die Gelatine unterrühren.

2 Für die **Vanille-Mohnnocken** den Orangenlikör erwärmen und darin die Gelatine gut auflösen. Nun die Hälfte der Grundmasse nehmen und Mascarpone, Mohnback, Sahne, Eischnee und Vanillezucker zugeben. Anschließend alles glatt rühren und kaltstellen. Danach die Masse in ein hohes Gefäß umfüllen, damit später zum Servieren 5 schöne Nocken ausgestochen werden können. Eine Weile ziehen lassen und im Kühlschrank fest werden lassen.

3 Für die **Schoko-Amaretto-Mousse** den Amaretto erwärmen und die Gelatineblätter darin auflösen, dann die Marzipanmasse zugeben und auflösen. Nun die Kuvertürensorten schmelzen und zusammen mit dem gesiebten Kakao dazugeben. Jetzt die restliche Hälfte der Grundmasse nehmen und mit der Amarettomasse vermischen (nicht im zu heißen Zustand). Danach Mascarpone, Sahne, und Eischnee unterrühren und alles glatt rühren. Zum Schluss evtl. nochmals gesiebtes Kakaopulver zufügen, bis der gewünschte Farbton erreicht ist. Die gesamte Masse in eine hohe Form gießen, damit 5 schöne Nocken ausgestochen werden können und im Kühlschrank fest werden lassen.

4 Für die **Waldbeerensoße** die Waldbeeren angetaut pürieren und Puderzucker nach Bedarf sowie Cassis zugeben. Anschließend den Kardamom aus der Kapsel entnehmen, anrösten und zufügen. Zum Schluss das Ganze mit etwas Limonensaft und Grenadine verfeinern, durch ein Sieb drücken und kaltstellen.

5 Für das **Mangopüree** das Mangofleisch pürieren. Das Dosenwasser in einem Topf erwärmen und einreduzieren, den Rum zugießen, das Punschkonzentrat unterrühren, den Barbados-Rum zugeben und alles mit Puderzucker abschmecken. Danach kaltstellen.

6 Mango- und Waldbeerenspiegel auf die Teller geben. Mit einem heißen Löffel Nocken ausstechen. Die helle Nocke auf den roten Spiegel, die braune Mousse auf den gelben Spiegel setzen.

Probieren Sie hierzu eine Trockenbeerenauslese.

Kardamom

Die Römer waren es, die dieses exotische Gewürz vor 2000 Jahren nach Deutschland brachten. Dort schätzte man nach üppigen Gelagen seine verdauungsfördernde Wirkung. Die Qualität des Kardamom wird vor allem durch Gewicht und Farbe (grünlich ist besser, gelblich weniger gut) bestimmt, aber auch der Anteil aufgeplatzter Fruchtkapseln und die Art der Trocknung (maschinell oder Sonne). Richtig gelagert ist Kardamom bis zu 12 Monate haltbar. Am besten halten sich die „Greens", die intakten Kapseln, die die aromatischen Samen optimal schützen. Das würzige, süßlich-scharfe Aroma, das aus kaum einer Currymischung wegzudenken ist, steckt in den ätherischen Ölen der Samen. Daher ist es angeraten die grünlich-braunen Kapseln frisch zu öffnen und auf das bereits gemahlene Pulver zu verzichten. In Deutschland vor allem in Weihnachtsgebäck bekannt, passt Kardamom hervorragend zu Süßspeisen – vor allem zu solchen, die reichlich Schokolade enthalten.

Menü 4

Spargel-Lachs-Lasagne mit Wasabi-Schaum

Schwarzes Lammkarree auf Zucchinigemüse und Mandelpolenta

Orientalisches Milchreis-Soufflee und Honigeis

Als Schlüsselkind musste sich Nikolai aus Stuttgart schon sehr früh selbst bekochen. Seit rund 20 Jahren ist er Mitglied eines Kochclubs. Sein Siegermenü kam so gut an, weil in allen drei Gängen unterschiedliche Aromen aus Nordafrika perfekt miteinander harmonierten.

Timing

Der Beizvorgang des Lachses braucht mindestens 10 Stunden (im Notfall auch schon mal 5 Stunden). Sie sollten also früh aufstehen, wenn Sie rechtzeitig zur Vorspeise fertig sein wollen. Oder Sie legen den Fisch schon am Vorabend in die Beize, denn die verträgt er auch etwas länger. Die Lasagne kann schon am Nachmittag geschichtet werden, denn sie wird kalt serviert. Weder Linsen noch Soßen brauchen lange und sollten heiß zur Lasagne gegeben werden. Am besten alle Zutaten bereitstellen, denn hier gilt es drei Komponenten auf einmal zu jonglieren!

Das Lamm benötigt 20 bis 30 Minuten im Ofen. Idealerweise schieben Sie es in den Ofen, kurz bevor Sie die Vorspeise servieren. Aber immer schön die Uhr im Auge behalten! Die Soße zum Fleisch muss – wie beinahe jede gute Soße – einige Stunden köcheln und einreduzieren und kann damit schon am Morgen angesetzt und dann kurz vor dem Servieren mit Butter aufmontiert werden. Die Mandelpolenta trocknet mindestens eine Stunde durch, bevor sie weiterverarbeitet werden kann. Daher steht auch sie schon bereit, wenn Ihre Gäste eintreffen.

Die Komponenten für das Dessert sind ohne Ausnahme vorzubereiten und müssen am Abend selber nur zusammengestellt werden.

Das kann vorbereitet werden

- Lachs beizen
- Lasagne schichten
- Lammsoße ansetzen und einreduzieren lassen
- Mandelpolenta zubereiten und erkalten lassen
- Zucchinigemüse zuschneiden
- Honigeis in die Eismaschine geben
- Milchreis-Soufflee zubereiten

Nicht vergessen

Die Prise Zucker im Spargelwasser nicht vergessen. Die nimmt dem Spargel die Bitterkeit.

So geht's

Schneiden Sie sowohl Spargel als auch Lachs für die **Lasagne** hauchdünn. Tipp für Ungeübte: Mit einem Elektromesser schneidet sich der gebeizte Fisch hervorragend. Aber auch ein dünnes, flexibles Messer kann genügen. Nur nicht ungeduldig werden!

Die Axt im Haus erspart den Zimmermann ... und das Beil den Metzger. Ohne das richtige Werkzeug sind die Knochen für die **Lammsoße** nämlich nicht ganz so einfach zu zerkleinern. Wenn Sie also nicht das entsprechende Beil im Haus haben, denken Sie daran den Metzger zu bitten, diese Aufgabe für Sie zu übernehmen.

Für alle, die sich bei der Lektüre des Desserts fragen, was der hübsche Ausdruck **„zur Rose aufschlagen"** bedeutet: Hierbei muss die Masse so lange geschlagen werden, bis sie fest wird. Mit einem einfachen Holzkochlöffel können Sie testen, wann es soweit ist. Spülen Sie ihn kurz ab, tauchen Sie ihn in die Masse, bis der Löffelrücken ganz bedeckt ist, ziehen Sie ihn heraus und blasen Sie anschließend darüber. Dann sollte sich eine Form bilden, die an eine Rose erinnert.

Übrigens

Sojalecithin ist Lecithine, das aus Sojabohnen gewonnen wird, und wird als Emulgator verwendet. Bei der Herstellung von Brot- und Backwaren, Desserts, Schokolade, Eis wird es häufig eingesetzt sowie auch in Mayonnaisen und Salatsoßen. Schauen Sie mal auf die Etiketten Ihrer Supermarktwaren.

Wenn's wirklich perfekt sein soll

Beluga-Linsen und Salat vom grünen Spargel ... passen perfekt zur Lasagne

Für den Spargelsalat

15 Stangen grüner Spargel
2-3 Orangen
3-4 Stängel Estragon
weißer Balsamicoessig
Salz
Pfeffer
1 TL Dijon-Senf
Olivenöl
Trüffelöl

Für den Salat vom Spargel etwa ein Drittel des Spargels am unteren Ende abschneiden und die Stangen schräg längs in hauchdünne Scheiben schneiden. Die Orangen schälen und filetieren, den Estragon zupfen. Nun aus Balsamico, Salz, Pfeffer, Senf, Oliven- und Trüffelöl eine Vinaigrette herstellen, den Estragon unterrühren und damit den Spargel und die Orangenfilets marinieren.

Für die Beluga-Linsen

20 g Karotten, in kleinen Würfeln
20 g Knollensellerie, in kleinen Würfeln
1 Schalotte, fein gewürfelt
Öl
100 g schwarze Beluga-Linsen
100 ml Hühnerbrühe
Salz
Pfeffer
Balsamico
1 TL Honig

Für die Beluga-Linsen Karotten, Sellerie und Schalotte in etwas Öl anschwitzen. Linsen dazugeben und nach 1 Minute mit der Hühnerbrühe ablöschen. Dann al dente köcheln. Zum Schluss mit Salz, Pfeffer, Balsamico und einem Teelöffel Honig würzen.

Spargel-Lachs-Lasagne mit Wasabi-Schaum

Zutaten

Für den gebeizten Lachs

800 g Lachsfilet
24 schwarze Pfefferkörner
2 Sternanis
6 Kardamomkapseln
6 Wacholderbeeren
40 Korianderkörner
2 TL Fenchel- oder Anissaat
40 g Salz
40 g Zucker
Petersilie nach Bedarf
Basilikum nach Bedarf
Zitronenmelisse nach Bedarf
alternativ zu den Kräutern:
Zesten aus 2 großen Orangen

Für den Spargel

8-10 Stangen weißer Spargel
1 Prise Salz
1 Prise Zucker

Für die Petersiliensoße

1 Petersilienwurzel, gewürfelt
1 kleine Zwiebel, gehackt
Öl
125 ml Weißwein
125 ml Hühnerbrühe
125 ml Sahne
1 Bund glatte Petersilie, grob gehackt
Salz
Pfeffer

Für den Wasabi-Schaum

1 Schalotte, fein gehackt
100 ml Weißwein
20 ml Sahne
80 ml Milch
1 TL Wasabi
2-3 EL Sojalecithin
Salz

Zu dieser Aromenvielfalt servierte Nikolai eine frische Cuvée aus Kerner, Riesling, Weißburgunder, kurz im Barrique gereift. Ein spritziger Riesling passt ebenfalls hervorragend.

1 Für den **gebeizten Lachs** die Gewürze in einer Küchenmaschine pulverisieren. Anschließend die Filets erst salzen, dann zuckern, danach das Gewürzpulver zugeben und mit den gehackten Kräutern oder den Orangenzesten bestreuen. Alles in einen Gefrierbeutel geben, am besten vakuumieren und in den Kühlschrank legen. In den ersten zwei Stunden öfters wenden. Nach ca. 10 Stunden aus der Folie nehmen und unter fließend kaltem Wasser säubern.

2 Für die **Lasagne** den Spargel schälen und die unteren Enden abschneiden. Dann ca. 5 Minuten in kochendem Salzwasser mit einer Prise Zucker al dente garen. Nach dem Abkühlen schräg längs in dünne, nicht zu lange Stücke schneiden. Ebenso den Lachs in hauchdünne Scheiben schneiden und in einem kleinen Törtchenring Lachs und Spargel aufschichten.

3 Für die **Petersiliensoße** Petersilienwurzel und Zwiebel schälen und klein schneiden. In Öl anrösten, mit Weißwein ablöschen und auf ein Drittel reduzieren. Nun die Hühnerbrühe und die Sahne sowie die Petersilie dazugeben. Das Ganze 2 bis 3 Minuten köcheln lassen, dann im Mixer pürieren und durch ein feines Sieb passieren. Auf eine dickliche Konsistenz einkochen, falls die Soße noch zu dünn ist. Zum Schluss mit Salz und Pfeffer würzen.

4 Für den **Wasabi-Schaum** die Schalotte in Weißwein kochen, bis der Alkohol verkocht bzw. verdampft ist. Anschließend Sahne und Milch hinzugeben und etwas köcheln lassen. Nun das Wasabi (Menge je nach Geschmack) in die Soße geben und ca. 2 Minuten mitköcheln. Danach die Zwiebelstücke absieben, Sojalecithin zugeben und das Ganze mit einem Mixstab schaumig schlagen. Zum Schluss mit Salz abschmecken.

5 Einen Soßenspiegel aus Wasabi-Schaum und Petersiliensoße anrichten und die Lasagne darauf anrichten. Daneben die Linsen geben. Den Schaum mit einem Esslöffel aus dem Topf heben und vorsichtig über das Gericht träufeln. Hierzu passen ein Salat aus grünem Spargel und kräftige Beluga-Linsen in Balsamico-Essig.

Schwarzes Lammkarree auf Zucchinigemüse und Mandelpolenta

Zutaten

Für die Lammkarrees

100 g getrocknete Herbst-Trompeten (norwegischer Pilz)
2-3 Lammkarrees (gesamt ca. 1,5 kg)
Salz
Olivenöl

Für die Lammsoße

1 kg Lammknochen
Olivenöl
150 g Knollensellerie, grob gehackt
150 Karotten, grob gehackt
2 Zwiebeln, grob geschnitten
1 EL Tomatenpüree
625 ml Rotwein
750 ml Lammfond
125 ml roter Portwein
Salz
Pfeffer
50 g Butter, kalt

Für die Mandelpolenta

75 g Mandelstifte
200 g Tomaten
1 l Hühnerbrühe
250 g Maisgrieß
150 g Zwiebeln, grob geschnitten
30 g Butter
3 EL Rosinen
Salz
Pfeffer
Olivenöl oder Butter zum Anbraten

Für das Zucchinigemüse

2 Zucchini
Olivenöl
Thymian, gehackt
ein paar Rosmarinzweige
Salz
Pfeffer
30 g Butter

1 Für die **Lammkarrees** die getrockneten Pilze in der Küchenmaschine pulverisieren. Das Fleisch parieren und salzen. Jetzt die Fleischteile mit dem Pilzpulver panieren. Anschließend in Olivenöl anbraten und bei 200 °C ca. 7 bis 8 Minuten im vorgeheizten Ofen garen, danach 20 bis 30 Minuten bei 70 °C im Ofen ruhen lassen.

2 Für die **Lammsoße** die Knochen zerkleinern und anschließend in Olivenöl anrösten. Das Wurzelgemüse und die Zwiebel dazugeben, mitrösten und das Tomatenpüree zufügen. Danach das Ganze mit ½ Liter Rotwein ablöschen und ganz einkochen lassen. Dann mit dem Fond ablöschen, in einen Topf geben und 2 bis 3 Stunden bei ganz kleiner Flamme köcheln lassen. Zum Schluss durch ein Sieb geben.

3 Nun den restlichen Rotwein und den Portwein auf ein Drittel reduzieren, in die Soße geben und das Ganze mit Salz und Pfeffer abschmecken. Mit der kalten Butter aufmontieren.

4 Für die **Mandelpolenta** die Mandeln in einer Pfanne ohne Fett braun rösten. Tomaten blanchieren, schälen, entkernen und in Achtel schneiden. Brühe aufkochen, Maisgrieß einrieseln lassen, aufkochen und ca. 50 Minuten zugedeckt bei geringer Hitze ziehen lassen. Nun die Zwiebeln in der Butter rösten, Mandeln und Rosinen dazugeben, ganz zum Schluss die Tomaten kurz mitschwenken und alles in die Polenta geben. Mit Salz und Pfeffer abschmecken. Anschließend die Masse in eine ca. 2 cm hohe Schale (tiefes Backblech ist gut geeignet) füllen, glattstreichen und ca. 1 Stunde antrocknen und fest werden lassen. Dann Polenta in Rauten schneiden und diese in gutem Öl oder Butter bei geringer Hitze anbraten.

5 Für das **Zucchinigemüse** die Zucchini waschen und die Schale mit Fruchtfleisch ca. 0,5 bis 1 cm dick abschälen. Dieses Abgeschälte dann in kleine Würfel schneiden und bei geringer Hitze ca. 5 bis 7 Minuten in der Pfanne in Olivenöl al dente garen. Dabei etwas klein gehackten Thymian und Rosmarinzweige dazugeben. Zum Schluss salzen, pfeffern und ein kleines Stück Butter unterschwenken.

6 Das Fleisch auf der Soße anrichten, daneben Polenta und Zucchinigemüse.

Zum Hauptgang servierte der Gastgeber einen „Sensationsroten", eine gehaltvolle Cuvée aus Merlot und Cabernet Sauvignon, 18 Monate im Barrique gereift.

Orientalisches Milchreis-Soufflee und Honigeis

Zutaten

Für das Milchreis-Soufflee
100 g Milchreis
2 EL Orangenblütenwasser
400 ml Milch
Kardamomsamen, im Mörser fein zerstoßen
Mark von 2 Vanilleschoten
ein paar Tropfen Bittermandelaroma
4 Blätter Gelatine
200 ml Wasser
40 g Zucker
1 Orange
200 ml Schlagsahne
80 g frische Datteln, entkernt und fein gewürfelt
1-2 EL Rosinen
40 g geröstete Mandelstifte
70 g Pistazienkerne, gehackt

Für das Honigeis
200 g kräftiger Honig (Akazienhonig oder Tannenhonig)
5 Eigelb
750 ml Milch
100 ml Sahne
Eismaschine

Für die Soßen
1 Mango
etwas Mineralwasser
1 Packung Himbeeren, TK
Crème fraîche nach Bedarf
Milch nach Bedarf

1 Für das **Milchreis-Soufflee** den Reis mit Orangenblütenwasser, Milch, Kardamom, Vanillemark und Mandelaroma aufkochen. Im geschlossenen Topf bei milder Hitze ca. 25 Minuten kochen und dabei öfter umrühren. Gelatine im kalten Wasser einweichen. Nun 200 ml Wasser mit Zucker zu einem Sirup aufkochen, die Gelatine darin auflösen und unter den Reis rühren. Danach den Reis erkalten lassen. Orangenschale abhobeln. Sahne steif schlagen. Anschließend Datteln, Rosinen, Mandelstifte, die Hälfte der Pistazien, Orangenschale und Sahne unter den Reis mischen und das Ganze in Soufflee-Förmchen füllen. Dann 2 bis 3 Stunden kalt stellen. Zum Servieren das Soufflee aus den Förmchen nehmen und in den restlichen Pistazien wälzen.
2 Für das **Honigeis** Honig und Eigelb in einer Rührschüssel auf dem Wasserbad schaumig schlagen, Milch dazugeben und auf dem Wasserbad zur Rose aufschlagen. Danach abkühlen lassen und die steif geschlagene Sahne unterheben. Zum Schluss in die Eismaschine geben, bis es eine sahnige Konsistenz hat.
3 Für die **Soßen** die Mango schälen und das Fruchtfleisch vom Stein schneiden. Dann das Mangofleisch pürieren, passieren und mit ein wenig Mineralwasser eine cremige Soße herstellen. Dann die Tiefkühl-Himbeeren auftauen, ebenfalls pürieren, passieren und mit etwas Mineralwasser eine cremige Soße herstellen. Nun etwas Crème fraîche mit Milch zu einer cremigen Soße verdünnen.
4 Soßenspiegel auf den Tellern auftragen und Soufflee und Eis darauf anrichten. Reichen Sie hierzu einige dunkle Kaffeepralinen.

Servieren Sie hierzu einen fruchtig-süßen Riesling Eiswein.

Dattel

Frische Datteln sind weniger süß als die getrockneten. Doch Vorsicht: Die glänzend braunen Früchte, die auf Märkten und in Feinkostgeschäften als frisch angeboten werden, waren meistens schon auf dem Transportweg tiefgekühlt. Deswegen frische Datteln nicht noch einmal einfrieren, sondern im Kühlschrank lagern und in wenigen Tagen verbrauchen. Ob die harte Haut – die beim Einkauf glatt und glänzend sein sollte – abgezogen werden soll, ist Geschmackssache. Die Dattel ist eine kleine Vitaminbombe. Vegetarier können mit drei bis vier Datteln ihren täglichen Eisenbedarf decken, der hohe Vitamin B12 Gehalt ist gut für Ihre Nerven und bei regelmäßigem Dattelverzehr wird auch Omas Lebertran überflüssig, denn sie ist reich an Vitamin D, B-Vitaminen und Mineralstoffen. Da wird selbst das Soufflee zur gesunden Speise.

Menü 5

Das kaiserliche Tatar

Wildhasenfilet in Brotkruste mit Schwarzwurzeln und Maronensoße

Eisiges Schwarzwälder Kirschtörtchen

Für Karsten aus Wuppertal ist das Kochen eine willkommene und kreative Abwechslung zum Büroalltag. Besonders gut gelingen ihm die Gerichte der französischen Bistroküche in all ihren Facetten.

Timing

Die Marinade für das Tatar sollten Sie 1 Stunde vor Anrichten vermischen, damit sie gut durchziehen kann. Da altes Fett weder schmeckt noch bekömmlich ist, braten Sie die Brotscheiben frisch in der Pfanne an und schichten sofort, sobald sie leicht abgekühlt sind.

Das Hasenfilet muss, nachdem es zusammen mit der Farce in die Brotkruste gewickelt wurde, 2 Stunden kalt stehen. Dann wird es nur kurz angebraten und anschließend für lediglich 10 Minuten in den Ofen geschoben. Danach sollten Sie keine Zeit verlieren, damit Ihre Gäste keinen kalten Hasen auf dem Teller vorfinden.

Das Schwarzkirschsorbet bereiten Sie einen Tag vorher zu; das gleiche gilt für die Schokoladenmousse. Die Hippen (dünne Kekse, mit denen die „Torte" gebaut wird) werden nicht warm weiterverarbeitet. Das heißt, sie können bereits am Nachmittag gebacken werden. Alle Komponenten des Desserts stehen also, wenn Ihre Gäste eintreffen, und das ist auch gut so. Denn für das Komponieren des Tellers braucht es Geduld und ein ruhiges Händchen. Einen gehetzten Gastgeber kann dieses Kunstwerk nicht gebrauchen.

Das kann vorbereitet werden

- Schwarzkirschsorbet und Schokoladenmousse am Vortag zubereiten
- Kirschsaft einkochen
- Die Tatar-Marinade zusammenmischen
- Brotscheiben ausstechen
- Crème fraîche würzen
- Schwarzwurzeln säubern und zuschneiden
- Hasenfilet in Brotkruste kaltstellen
- Hippen backen

Nicht vergessen

Küchenuhr stellen, damit der Hase rechtzeitig aus dem Ofen kommt. 10 Minuten sind schnell vorbei.

So geht's

Für das **Tatar** schneiden Sie das Rinderfilet am besten zuerst in Scheiben und wiegen es dann mit einem sehr scharfen Messer. Achten Sie dabei darauf, zum rechten Zeitpunkt aufzuhören, denn matschig sollte das Fleisch nicht werden, sondern noch Biss haben. Und Achtung! Das Tatar nicht zu scharf würzen, da sonst der feine Kaviargeschmack überlagert wird.

Für die Säuberung der **Schwarzwurzeln** – die ihren Namen aufgrund ihrer dunklen Schale ganz zu Recht tragen – sind Einweghandschuhe und eine Wurzelbürste sehr zu empfehlen, denn der feine dunkle Sand, der an ihnen haftete, ist sehr hartnäckig und setzt sich mit Vorliebe unter den Fingernägeln ab. Schälen lassen sie sich mit einem Spargelschäler – denn nicht umsonst werden diese Wurzeln auch „Winterspargel" genannt. Nach dem Schaben (und Zuschneiden) muss die Schwarzwurzel sofort im Wasserbad gelagert werden, damit sie nicht braun wird – entweder in gemehltes Essigwasser oder in Wasser mit einem Schuss Zitronensaft. Ein Tipp: Schwarzwurzeln kann man auch mit Schale 20 Minuten kochen (einen Schuss Essig ins Wasser geben). Danach lässt sich die Schale ganz leicht abziehen.

Für die **Maronensoße** noch ein Tipp: Sollte die Soße zu schwer erscheinen, einen ordentlichen Schuss Sekt zugeben und mit dem Mixstab aufmixen.

Übrigens

Läuterzucker ist ein Zuckersirup, der aus raffiniertem Zucker und Wasser hergestellt wird (nicht zu verwechseln mit natürlichem Zuckersirup aus Zuckerrohrsatz oder Melasse). Er eignet sich besonders gut für feine Süßspeisen wie Sorbet – aber auch Barkeeper schätzen ihn für Mixgetränke und Cocktails, weil er sich auch in kalten Getränken schnell und restlos auflöst. Läuterzucker heißt so, weil er tatsächlich „geläutert" wird, das heißt, er wird durch Auflösen in Wasser von Verunreinigungen befreit.

Wenn's wirklich perfekt sein soll

Serviettenknödel ... die gut zum Wildhasen passen

10 Brötchen vom Vortag
lauwarme Milch
Muskatnuss
Salz
Pfeffer
1 Ei
Pistazien
Lebkuchengewürz nach Geschmack

Die Brötchen in kleine Stücke schneiden. Mit lauwarmer Milch – die mit Muskatnuss, Salz und Pfeffer abgeschmeckt ist – begießen. Anschließend das Ei untermischen. Die Pistazien halbieren und unterheben. Den gesamten Teig mit Lebkuchengewürz (nicht zu sparsam) abschmecken. Teigmasse in Alufolie wickeln und zu einer kleinen, ca. 4 cm starken Rolle formen. Anschließend ca. 60 Minuten in siedendem Wasser garen. Kurz vor dem Anrichten (ca. 30 Minuten zuvor) noch einmal in siedendem Wasser erwärmen. Dann aus der Folie wickeln und aufschneiden.

Das kaiserliche Tatar

Zutaten

2 EL sehr fein geschnittene Schalotten
etwas fein gehackte Petersilie
1 EL sehr fein gehackte Kapern
½ TL Dijon-Senf
4 Eigelb
400 g frisches Rinderfilet, fein gehackt
ein bisschen Tabasco
wenig Worcestersoße
5 Servierringe (Durchmesser 7 cm, Höhe 6 cm)
3 große Scheiben Bauernbrot
etwas Butter
150 g Crème fraîche
wenig Cayennepfeffer
150 g Forellenkaviar (mild und nicht so salzig)

1 Schalotten, Petersilie, Kapern, Senf und Eigelb eine Stunde vor Anrichtung gut zu einer Marinade vermischen und kalt stellen.

2 Kurz vor dem Anrichten das fein gehackte Tatar, am besten mit der Hand, locker aber gleichmäßig mit der Marinade vermischen. Das Tatar darf auf keinen Fall matschig werden. Dann mit Tabasco und Worcestersoße abschmecken.

3 Die Servierringe auf die Bauernbrotscheiben stellen und außen herum ausschneiden (das Brot verliert an Volumen beim Ausbacken). Dann in Butter kross anbraten und auf Küchenkrepp abtropfen lassen.

4 Die Crème fraîche steif schlagen und mit dem Cayennepfeffer mild würzen.

5 Den Servierring auf einem Teller positionieren, den Brotboden einlegen und zu zwei Drittel mit Tatar füllen, dabei aber nicht (!) herunterdrücken. Mit einer dünnen Schicht Crème fraîche und anschließend großzügig mit Kaviar bestreichen, so dass von oben keine Crème fraîche mehr zu sehen ist. Zum Schluss den Servierring abziehen.

Ein prickelnder Champagner passt hierzu vorzüglich.

Tatar wird mit dem Messer gemetzelt. Fleischwolftatar wäre eine Barbarei und damit jener Tataren-Horden würdig, denen das Edelhack seinen Namen verdankt. Die sollen ihre Steaks vor dem Dinner unterm Sattel weich geritten haben. Das kann aber auch Legende sein. Man möchte es den Tataren wünschen.

Zwiebel

Es wird behauptet, jedes zweite deutsche Gericht enthalte Zwiebeln. Dabei hat sie ihren Ursprung sehr wahrscheinlich in Asien. Aber ob Zwiebel, Schalotte oder Lauch – für alle diese Liliengewächse gilt: nicht hacken, sondern schneiden, und zwar mit scharfen Messern. Denn sobald Zwiebeln gehackt werden, werden sie bitter. Das Gleiche gilt für's Anbraten: Wenn Zwiebelgewächse, auch Knoblauch, zu stark und lange der Hitze ausgesetzt sind, entstehen Bitterstoffe. Nur sanft gegarte Zwiebeln werden würzig süß. Deswegen gerade Knoblauch immer erst zum Schluss in die Pfanne geben. Übrigens: Zügiges Schneiden hilft auch gegen die Tränen. Denn so entsteht weniger Saft, in dem das böse Allicin, das ätherische Öl, das die Augen reizt, enthalten ist. Die Schalotte ist feiner im Geschmack als die gelbe oder die rote Zwiebel und sollte deswegen auch für Fisch und feine Soßen verwendet werden – oder eben für ein Tatar. Tipp: Ein wenig Essig bringt die schöne Farbe der roten Zwiebel zum Leuchten.

Wildhasenfilet in Brotkruste mit Schwarzwurzeln und Maronensoße

Zutaten

Für die Geflügelfarce

40-50 g Gänsestopfleber
30 ml Sahne, angefroren
100 g angefrorenes Hähnchenbrustfilet
1 kleiner Schuss heller Portwein
Salz
Pfeffer
2 Hände voll blanchierter Blattspinat

Für die Wildhasenfilets

5 Toastbrotscheiben
Klarsichtfolie
5 gleichmäßige Filets vom Wildhasen, sauber pariert
Salz
Pfeffer
Butterschmalz zum Braten

Für das Schwarzwurzelgemüse

6 große Schwarzwurzeln
Salz
Wasser
Milch
1 Schalotte, grob geschnitten
Butter
75 ml französischer Wermut
125 ml Sahne
Pfeffer

Für die Maronensoße

150 g geschälte Maronen
20 g Butter
Zucker
500 ml Wildfond, am besten selbst gemacht
200 ml Sahne
Sekt nach Bedarf
Cognac
Salz
Pfeffer
Butterschmalz

Reichen Sie zum kräftigen Wild einen gehaltvollen Bordeaux mit deutlichem Cassisaroma und leichtem Duft von Tabak und Kaffee.

1 Für die **Geflügelfarce** alle Zutaten, außer dem Spinat, in einem Mixer vermischen. Den Spinat erst ganz zum Schluss dazu geben.

2 Dann die Toastbrotscheiben von den Rändern befreien. Anschließend einzeln auf großzügig ausgelegte Klarsichtfolie legen und mit der Farce bestreichen. Das **Hasenfilet** salzen und pfeffern und an einer der Seiten des Toastbrotes positionieren. Die überstehenden Filetenden abschneiden. Das Filet mit Hilfe der Klarsichtfolie langsam und vorsichtig in das Toastbrot einrollen und an beiden Enden die Folie stramm verzwirbeln. So entstehen mehrere Wildhasen-„Bonbons". Dann mindestens 2 Stunden kalt stellen. Anschließend den Ofen auf ca. 160 °C vorheizen. Die Hasenfilets aus der Folie wickeln und im Brotmantel in Butterschmalz allseitig anbraten und dann für ca. 10 Minuten in den Ofen geben.

3 Für das **Schwarzwurzelgemüse** die Schwarzwurzeln sehr sauber schälen und in gleichstarke Stifte von ca. 5 bis 6 cm Länge schneiden. Dann in einer gesalzenen Wasser-Milch-Mischung (1:1) gut bissfest garen. Anschließend die Stifte mit der Schalotte in Butter andünsten und mit Wermut ablöschen. Mit Sahne auffüllen und leicht köcheln lassen, bis die Stifte ganz gegart sind. Dann herausnehmen und die Soße ein wenig einkochen lassen und mit einem Pürierstab schaumig aufmixen.

4 Für die **Maronensoße** die Maronen grob zerkleinern und in Butter und Zucker karamellisieren. Mit Wildfond und Sahne ablöschen. Alles um ein Drittel einköcheln lassen und durchmixen. Anschließend passieren und die Soße mit Sekt auffüllen. Dann mit Cognac, Salz und Pfeffer abschmecken und nach Belieben auf die gewünschte Konsistenz einköcheln lassen.

5 Die Maronensoße noch einmal schaumig aufmixen. Die Wildhasenfilets schräg aufschneiden. Beide Hälften in der Mitte des Tellers platzieren. Die Maronensoße kreisförmig um die Hasenfilets verteilen. Eingemachte Holunderbeeren geben eine schöne fruchtig-süße Note. Die Schwarzwurzeln dazu anrichten. Hierzu passen Serviettenknödel.

Eisiges Schwarzwälder Kirschtörtchen

Zutaten

Für das Schwarzkirschsorbet
500 ml selbst gemachter Läuterzucker
6 Blätter rote Gelatine
500 g Schwarzkirschmark (aus dem Delikatessengroßhandel)
8 cl Schladerer Kirschwasser
150 ml Maraschino (italienischer süßer Kirschwein)
Zitronensaft

Für den Läuterzucker
500 g Zucker
500 ml Wasser
2 Blätter weiße Gelatine

Für die Schokoladenmousse
150 g Bitterschokolade (hoher Kakaoanteil, mind. 70%)
50 g Vollmilchschokolade
3 Eiweiß
200 ml Sahne

Für die Schokoladenhippen
30 g Mehl
10 g Kakaopulver (hoher Kakaoanteil)
65 g Puderzucker
50 g flüssige Butter
1 Eiweiß

Für die Deko
200 ml Sahne
Vanillearoma
Puderzucker
Blattgold
selbst eingekochter Kirschsaft

Reichen Sie hierzu ein Glas Portwein.

1 Das **Schwarzkirschsorbet** am besten einen Tag vorher zubereiten. Dafür mit ca. 100 ml des erwärmten Läuterzuckers die Gelatine einweichen. Die restlichen Zutaten mit dem Stabmixer lange verrühren. Schließlich die rote Gelatine unterziehen und noch einmal durchmixen. Dann in den Gefrierschrank stellen. Falls das Sorbet zu fest wird, vor dem Servieren noch einmal grob zerschneiden und mit dem Pürierstab im Eisbad zerkleinern, um dann Nocken zu stechen.

2 Auch die **Schokoladenmousse** am besten einen Tag vorher zubereiten. Die Schokolade im Wasserbad auflösen. Sahne fast steif schlagen (nicht zu steif, sonst gerinnt sie beim Unterheben) und unter die Schokolade heben. Die Eiweiß sehr steif schlagen und unter die Schokoladen-Sahne-Masse heben. Die Mousse kalt stellen.

3 Für die **Schokoladenhippen** den Ofen auf 180 °C vorheizen. Alle Zutaten lange und gut verrühren, bis eine einheitliche cremige Masse entsteht. Mit der Palettenspitze auf einem emaillierten Backblech länge und möglichst dünne „Zungen" ziehen. Je dünner sie werden, desto knuspriger wird das Gebäck. Ca. 5 Minuten backen. Noch warm vorsichtig mithilfe eines Spachtels vom Blech nehmen. Jetzt sind sie noch zu formen. In ein Tuile-Blech einlegen, so dass sich beim Erkalten Wellen formen. Alternativ können Sie die Hippen auch glatt auskühlen und erhärten lassen. Schichten können Sie sowohl mit Wellen als auch mit Zungen.

4 Für die **Deko** die restliche Sahne steif schlagen, mit Vanille aromatisieren und in einen Spritzbeutel füllen. Einen Tupfer Schokoladenmousse in die Mitte des Tellers setzen, damit wird die „Torte" am Platz gehalten. Darauf eine Hippe legen, dann darauf eine Kugel Sorbet setzen. Dann wieder eine Hippe auf das Sorbet platzieren und darauf dann eine Nocke Mousse. Einen Tupfer Sahne auf das Törtchen und ein bisschen Blattgold.

5 Den eingekochten und nach Belieben aromatisierten (mit Zimt oder Kirschlikör etc.) Kirschsaft dekorieren.

Leicht und luftig

Stimmig muss es sein

Entscheiden Sie sich bei Ihrer Tischdekoration immer für ein Farbthema – und bleiben Sie konsequent dabei, egal ob es um Tischdecke, Teller, Servietten oder Blumen geht.

Vielfalt

Kombinieren Sie ruhig auch unterschiedliche Teller. Das ist kreativ und interessant. Pastelltöne passen besonders gut zueinander und geben dem Ganzen eine leichte Note.

Natur pur

Wer kein geschicktes Händchen hat, muss auf originellen Blumenschmuck nicht verzichten. Grüne Gräser, bunte Blümchen oder Efeu in kleine Töpfchen pflanzen – fertig. Die kleinen Töpfchen lassen sich dann immer wieder nach Belieben bestücken.

Was flattert denn da?

Schmetterlinge an Drähten aus dem Bastelladen in niedrige Pflanzentöpfe gesteckt – und schon hat man das Gefühl auf einer Sommerwiese zu sitzen!

Menü 6

Festtags-Quiche

Hirschkugel in Wacholder-Rahm mit Preiselbeeren, Speckwirsing und Pfifferlingen

Topfencreme auf Holunderblütenjus

Schon die Mutter von Huberta aus Bonn war eine brillante Köchin, von der sie viel gelernt hat. Sie kocht so gern, weil ein gemeinsames Essen Kommunikation, Geselligkeit und Entspannung ermöglicht.

Timing

Für die Steinpilz-Quiche der Vorspeise werden sowohl frische, als auch getrocknete Pilze verwendet. Letzere müssen 2 Stunden in heißem Wasser eingelegt werden, bevor sie weiterverarbeitet werden. Auch wenn Sie es eilig haben, verzichten Sie besser nicht darauf, denn die getrockneten Pilze geben jedem Gericht ein besonders intensives Aroma.

Ein Tipp: Salatblätter halten sich gut, indem man sie bereits fertig auf die Teller drapiert und mit einem feuchten Tuch abdeckt. Kurz vor dem Servieren das Dressing darüber träufeln.

Das Hirschfleisch des Hauptgerichtes wird erst mariniert (2 Stunden) und dann geschmort (25 Minuten). Planen Sie also ausreichend Zeit ein. Während sich Ihre Gäste an der Vorspeise gütlich tun, kann das Fleisch im ausgeschalteten Backofen noch etws ruhen. Währenddessen können auch die Kartoffeln garen.

Den Wirsing können Sie schon im Vorhinein blanchieren, erkalten lassen und dann erst kurz vor dem Servieren zusammen mit Speck andünsten und mit Sahne ablöschen. Das geht schnell, und das muss es auch, denn der Wirsing soll nicht zu weich werden. Tipp: Sehr köstlich schmeckt es, wenn man den gleichen Speck wie für die Umwicklung des Hirschbratens nimmt!

Die Topfencreme lässt sich nicht nur sehr gut vorbereiten, es muss sogar mindestens 2 Stunden vor Verzehr kalt stehen – gerne auch länger. Der Holunderjus muss sogar

Das kann vorbereitet werden

- Teig für Quiche blind vorbacken
- Getrocknete Pilze in Wasser einlegen
- Salat waschen und putzen
- Pfifferlinge und Steinpilze putzen
- Wirsing putzen, in Streifen schneiden und blanchieren
- Hirschfleisch marinieren
- Topfencreme anrühren und kalt stellen
- Holunderblütenjus einkochen

Nicht vergessen

Das Hirschfleisch in der Marinade hin und wieder wenden!

24 Stunden ziehen und nach dem Erhitzen noch einmal erkalten (also am besten mindestens 2 Tage vorher zubereiten!). Übrigens: Der Holunder blüht ab Mitte Mai.

So geht's

Damit die **Quiches** mit der Füllung nicht durchweichen, backt man am besten „blind" vor: Dazu 6 kleine Quiche-Förmchen einfetten und mit dem Blätterteig auslegen. Am Rand den Teig hochziehen. Dann Backpapier darüber legen (Ränder einschneiden) und mit getrockneten Erbsen füllen. Im vorgeheizten Backofen bei 200 °C (Ober- und Unterhitze) ca. 20 Minuten backen und danach die Erbsen und das Backpapier entfernen.

Dosieren Sie den **Muskat** beim Spinat vorsichtig. Die Muskatnuss entfaltet in der Wärme ein intensives Aroma, der den feinen Geschmack des Spinats unterstützen und nicht überdecken soll.

Die **Wacholderbeeren** in der Soße sind je nach Geschmack zu dosieren. Achten Sie dabei auf die Qualität der Beeren. Wacholder, der schon seit Jahren in Ihren Küchenschränken schlummert, hat weniger Aroma als frisch getrockneter. Das gilt übrigens allgemein für Gewürze und ihre Dosierung!

Der **Steinpilz** mit seinem feinen, nussigen Geschmack ist nach dem Trüffel der wohl begehrteste Edelpilz. Auf keinen Fall sollten Sie ihn mit Wasser säubern, denn Pilze nehmen Flüssigkeit stark auf. Stattdessen schneiden Sie das erdige Ende des dicken Stieles ab (Achtung: Nicht zu viel, der Stiel gehört unbedingt zum Pilz!), reiben dann mit einem Tuch die Hüte sauber (die bis zu 25 Zentimeter breit werden können!) und schaben (ganz vorsichtig!) eventuelle braune Stellen mit einem Messer ab. Nur bei größeren Exemplaren schneiden Sie die Röhren weg (denn der Steinpilz ist ein „Röhrenpilz"), bei kleineren den Schmutz mit einem Pinsel entfernen.

Übrigens

Eine **Hirschkugel** ist Fleisch aus der Keule, aber ohne Knochen. Wildfleisch sollte beim Einkauf nicht, wie vielfach angenommen, Hautgoût haben, also einen leichten Fäulnisgeruch aufweisen, der bei Lagerung durch die Zersetzung des Eiweißes entsteht. Das war einmal. Das Fleisch darf nicht unangenehm, nur leicht säuerlich riechen und nicht schwarz schimmern. Wild sollte immer zügig verarbeitet werden. Lagern Sie es höchstens zwei Tage im Kühlschrank.

„Topfen" ist ein Begriff aus der Sprache der Eingeborenen Österreichs. Der Rest der Welt sagt: Quark. Den Österreichern bereitet es eben große Freude, Worte zu verwenden, die außer ihnen keiner versteht. Am besten also, Sie vergessen sofort wieder, was „Topfen" bedeutet. Der nächste Österreicher freut sich bestimmt, wenn er es Ihnen noch mal erklären darf.

Festtags-Quiche

Zutaten

10 g getrocknete Steinpilze
50 g magerer Speck, gewürfelt
1 Zwiebel, klein geschnitten
350 g frische Steinpilze, geputzt und klein geschnitten
Weißwein zum Abschmecken
Pfeffer
Salz
1 Sträußchen glatte Petersilie, fein gehackt
1 Paket (450 g) frischer Blätterteig
400 g frischer Spinat (ohne Wurzeln) oder TK-Blattspinat
1 Knoblauchzehe, fein geschnitten
3 EL Olivenöl
Muskat
2 Eier
125 g Crème fraîche
evtl. etwas Parmesan

Für den Salat
1 Lollo rosso
1 Lollo bianco
200 g Feldsalat
200 g weiße Champignons
18 Cocktailtomaten

Für das Dressing
3 EL weißer Balsamicoessig
12 EL Öl
3-4 EL Sahne
Pfeffer
Salz

Für die Orangenmarmelade
4 EL englische Orangenmarmelade
4 EL franz. Wermut

Huberta reichte hierzu einen Blauen Spätburgunder – so wird der Pinot Noir offiziell in Deutschland genannt – Blanc de Noir 2004, einen mittelschweren Rotwein mit beerigen Aromen.

1 Für die **Quiche** die getrockneten Steinpilze klein schneiden und in ein wenig heißem Wasser 2 Stunden einweichen. Den Speck mit den Zwiebelstückchen kurz andünsten. Nun erst die getrockneten, dann die frischen Steinpilze hinzufügen und kochen, bis die Flüssigkeit verdampft ist. Mit Weißwein, Pfeffer und Salz abschmecken und zum Schluss die Hälfte der fein gehackten Petersilie unterheben.
2 Den Blätterteig in kleine Quicheförmchen (ca. 12 cm) geben und ca. 20 Minuten blind vorbacken.
3 Den Spinat waschen. Den Knoblauch in Öl andünsten. Anschließend den Spinat zugeben, zusammenfallen lassen (falls er frisch ist) und mit Salz, Pfeffer und Muskat abschmecken.
4 Jetzt die zuvor zubereiteten Steinpilze und den Spinat miteinander mischen und in die Quiche-Förmchen füllen. Eier und Crème fraîche verquirlen, mit Pfeffer und Salz vorsichtig abschmecken und den Rest der gehackten Petersilie hineingeben und über die Füllung gießen.
5 Im Anschluss bei 200 °C noch einmal ca. 20 Minuten backen. Bei Bedarf in den letzten Minuten mit Alufolie abdecken, damit die Oberfläche nicht zu dunkel wird. Sollte das doch passieren, kann man mit groben Parmesanspänen das Ganze wieder etwas aufhellen.
6 Die **Salate** waschen und putzen. Die Champignons putzen und in Scheiben schneiden, Cocktailtomaten halbieren. Dann alle Zutaten nach Sorte auf einem Teller anrichten.
7 Nun das **Dressing** aus Balsamicoessig, Öl und süßer Sahne mischen (Achtung, darf nicht zu sauer sein!), mit Pfeffer und Salz abschmecken und über den vorbereiteten Salat träufeln. Die warme Quiche neben den Salat setzen.
8 Zum Schluss die **Orangenmarmelade** mit Wermut anrühren. In Abständen über den angerichteten Salat träufeln.

Hirschkugel in Wacholder-Rahm mit Preiselbeeren, Speckwirsing und Pfifferlingen

Zutaten

Für die Hirschkugel

1 Hirschkugel (ca. 1,5 kg)
Salz
Pfeffer
6 EL Cognac
6 EL Olivenöl
200 g fetter Speck (z.B. ital. Pancetta)
125 ml trockener Rotwein
400 ml Wildfond
2 Lorbeerblätter
15 g Butter und 15 g Mehl vermischt (= Mehlbutter)
1 EL Johannisbeergelee
Wacholderbeeren, gemörsert (Menge je nach Geschmack, 4 bis 8 Stück)
150 ml Sahne

Für den Speckwirsing

1 Wirsing
Salz
100 g Pancetta oder Schinken, in feinen Streifen
2 EL Butter oder Butterschmalz
polnisches Gewürz „Kucharek" (oder Muskat, Pfeffer, Salz)

Für die Pfifferlinge

1 kleine Zwiebel
50 g Speck, fein gewürfelt
2 EL Öl
300 g frische Pfifferlinge
1 Schuss trockener Weißwein
1 EL Butter
Pfeffer
Salz

Für die Beilage

5 halbe Birnen
10 EL Preiselbeermus oder Kompott

1 Das **Hirschfleisch** kalt abspülen, trocken tupfen, in eine Schüssel legen und mit Salz und Pfeffer einreiben. Anschließend aus Cognac und Olivenöl eine Marinade anrühren und darüber verteilen. Das Ganze 1 bis 2 Stunden ziehen lassen und zwischendurch einmal wenden.

2 Danach das Fleisch herausnehmen, abtropfen lassen, mit Speck bzw. Pancetta umwickeln, die Marinade in einem Bräter erhitzen, darin das Hirschfleisch auf allen Seiten anbraten, abdecken und im vorgeheizten Backofen bei 200 °C Umluft ca. 50 Minuten garen, dann Ofen ausschalten und noch einmal 10 bis 15 Minuten ruhen lassen. Nach der Garzeit das Fleisch auf einen Teller legen und im ausgeschalteten Backofen warm stellen.

3 Den Sud im Bräter auf die Herdplatte stellen und mit Rotwein ablöschen, mit Wildfond auffüllen, die Lorbeerblätter dazugeben und 10 Minuten sanft köcheln lassen. Anschließend mit Mehlbutter binden und mit Pfeffer, Salz, Johannisbeergelee und gemörserten Wacholderbeeren abschmecken. Zum Schluss mit Sahne verfeinern, den ausgetretenen Bratensaft vom Fleisch dazugeben und die Soße durch ein feines Sieb streichen.

4 Für den **Speckwirsing** die Wirsingblätter ablösen und pro Person 1 bis 2 Blätter in kochendem Salzwasser 2 Minuten blanchieren. Danach in Eiswasser abschrecken, herausnehmen und abtropfen lassen. Die Wirsingblätter und den Pancetta in schmale Streifen schneiden. Butter oder Butterschmalz in einer tiefen Pfanne auslassen, die Speckstreifen hineingeben und kurz andünsten. Dann den geschnittenen Wirsing zufügen und auf kleiner Flamme heiß werden lassen. Mit Kucharek oder Salz, Pfeffer und Muskat kräftig würzen.

5 Für die **Pfifferlinge** die Zwiebel schälen und fein würfeln. Dann zusammen mit dem Speck in Öl leicht anbraten, die (mit dem Pinsel!) geputzten Pfifferlinge zufügen und langsam gar köcheln lassen, bis die Flüssigkeit verdampft ist. Anschließend einen kräftigen Schuss trockenen Weißwein zugießen und auch diesen verdampfen lassen. Schließlich Butter hinein geben und mit Pfeffer und Salz würzen.

6 Zum Schluss für die **Beilage** auf jede Birnenhälfte ca. 2 EL Preiselbeermus setzen. Zum Servieren das Hirschfleisch in Scheiben schneiden, auf vorgewärmten Tellern anrichten und mit dem Wacholderrahm überziehen. Zusammen mit den Birnen, dem Speckwirsing und den Pfifferlingen anrichten. Hierzu passen Petersilienkartoffeln.

Zum kräftigen Wild gesellt sich gern ein ebenso gehaltvoller, weil würziger Côtes du Rhône.

Topfencreme auf Holunderblütenjus

Zutaten

Für die Topfencreme

2 Eier
250 ml Sahne
2 Blätter weiße Gelatine
60 g Zucker
1 Packung Vanillezucker
400 g Topfen (Quark) (20 %)
Saft von ½ Zitrone
3 EL Rum
abgeriebene Schale von ½ Zitrone
1 Prise Salz

Für den Holunderblütenjus

30 Holunderblüten
2 l Wasser
1 ungespritzte Zitrone
1 l naturtrüber Apfelsaft
1 Handvoll Rosa Beeren
½ frische Ananas, gewürfelt
1 ungespritzte Orange
Gelierzucker 2:1
evtl. Wermut zum Verdünnen

1 Für die **Topfencreme** die Eier trennen, das Eiweiß steif schlagen und beiseite stellen. Die Sahne ebenfalls steif schlagen und beiseite stellen.

2 Gelatine in kaltem Wasser einweichen, ausdrücken und in einem Topf erhitzen und flüssig werden lassen. Zucker, Vanillezucker und Eigelb im Wasserbad langsam schaumig rühren und anschließend die Gelatine mit dem Handrührgerät schnell einrühren. Dann Topfen und Zitronensaft zufügen und das Ganze mit Rum, Zitronenschale und einer Prise Salz würzen. Erst zum Schluss den Eischnee und danach die Sahne vorsichtig unterheben. Die Masse in kalt ausgespülte Förmchen füllen und mindestens 2 Stunden kalt stellen.

3 Für den **Holunderblütenjus** die Holunderblüten in Wasser einweichen. Ungespritzte Zitrone in Scheiben schneiden und dem Blütensud zufügen. Das Ganze 24 bis 30 Stunden kühl stehen lassen, danach die Flüssigkeit durch ein feines Sieb abgießen und mit naturtrübem Apfelsaft vermischen. Nun eine kleine Handvoll Rosa Beeren, die Ananaswürfel und einige Orangenzesten hinzufügen. Anschließend mit Gelierzucker (2:1 nach Packungsanweisung kochen) heiß in Einmachgläser füllen. Dabei darauf achten, dass Pfefferbeeren, Ananas und Orangenzesten gleichmäßig in die Gläser verteilt werden.

4 Die Topfencreme zum Servieren auf ein wenig von dem Holunderblütenjus stürzen. Falls er als Fruchtsoße zu dick ist, kann man ihn mit etwas Wermut verdünnen.

Huberta bot zum Dessert diverse Obstbrände an. Aber auch ein frischer Prosecco passt gut.

Zitrusfrüchte

Sauer macht nicht nur lustig, sondern schmeckt auch gut. Ein Schuss Säure von der Zitrone gehört an Fisch und würzige Geflügelgerichte, passt hervorragend zu Knoblauch und frischen Kräutern und gibt dem Salat eine besondere Frische. Aber Vorsicht: Säure bindet Eiweiß. Daher werden manche Fischsorten zäh – wie der Seeteufel – wenn sie vor dem Braten gesäuert werden. Zitrone ist ein exzellenter Essigersatz im Salat. Ein wenig Honig als Gegengewicht mildert die Säure. Auch Pilze mögen einen Spritzer Zitronensaft, ob roh oder kurz angebraten. Wer es milder mag, greift zur Orange – die ebenfalls gut zu vielerlei Geflügel passt. Es muss nicht immer Ente sein ... Und die Limette gehört zur asiatischen Küche und ihren scharfen Aromen wie der Reis. Tipp: Rollen Sie die Frucht mit Druck mit der Hand auf der Tischfläche. Dann gibt sie beim Pressen mehr Saft. Auch ein warmes Wasserbad erhöht die Ausbeute.

Menü 7

Paprikaschaumsüppchen

Kalbsbraten mit Sommerpilzen und frischem Gemüse

Cantuccini-Amaretto-Creme auf Erdbeeren

Trixi aus Hannover kaufte schon als junges Mädchen Kochzeitschriften, von denen sie sich bis heute gern inspirieren lässt. Sie nutzt das Kochen gern als Ablenkung, wenn sie Sorgen hat, und kann hervorragend Braten, aber auch mediterrane Gerichte zubereiten.

Timing

Suppe zur Vorspeise – für das Timing eines Menüs heißt das, dass die Vorspeise bereits fertig sein kann, wenn Sie den Gästen die Tür öffnen. Dann nur noch einmal kurz vor dem Servieren mit dem Pürierstab aufschlagen, die Sahne einrühren- fertig! Die Ciabatta-Scheiben am besten frisch rösten, damit sie noch warm auf den Tisch kommen.

Die Soße zum Kalbsbraten soll 30 Minuten einreduzieren. Am besten also, Sie setzen Sie bereits auf, bevor Sie die Vorspeise servieren und lassen sie auf kleiner (!) Flamme köcheln. Der Kalbsbraten mariniert erst eine Stunde, dann gart er 3 bis 3,5 Stunden bei niedriger Temperatur. Am besten starten Sie also damit, bevor Sie sich an die Suppe für die Vorspeise machen.

Die Rotweinsoße für das Dessert kann vorbereitet werden, ebenso das Erdbeerpüree für den Fruchtspiegel. Die Amaretto- und Cantuccini-Kekse sollten Sie allerdings kurz vor dem Servieren unterrühren, sonst bleiben sie nicht knackig, sondern werden matschig.

So geht's

Der **Kalbsbraten** wird bei Niedrigtemperatur gegart. Abgesehen von viel Geduld, brauchen Sie bei dieser Methode weniger Kochkunst als zuverlässige Thermometer, um den Braten saftig und rosa hinzubekommen. Denn während des Garens ist es angeraten die Innentemperatur des Ofens immer wieder zu kontrollieren. Die meisten Temperaturanzeigen auch der modernsten Backöfen neigen nämlich zum Schummeln ... Am besten eignet sich hierzu ein Backofenthermometer, das Sie zusammen mit dem Braten in den Ofen stellen. Dieses ist tunlichst nicht zu verwechseln mit dem Fleischthermometer, mit dem Sie die Kerntemperatur des Fleisches messen können. Holen Sie das marinierte Fleisch 30 Minuten, bevor Sie es in den Ofen schieben, aus dem Kühlschrank, damit es sich bei Zimmertemperatur langsam „aufwärmen" kann.

Eine **Paprika** entkernen Sie ganz einfach, indem Sie den Boden abschneiden, mit dem Stängel nach oben auf ein Schneidebrett und dann die Schale um den Kern herum herunterschneiden. Die restlichen Kerne ausklopfen.

Das kann vorbereitet werden

- Soße einreduzieren lassen
- Suppe zubereiten
- Gemüse putzen und schneiden
- Rotweinsoße für das Dessert
- Erdbeerpüree für den Fruchtspiegel
- Kalbsbraten marinieren

Nicht vergessen

Teller für die Suppe vorwärmen!

Paprikaschaumsüppchen

Zutaten

4 rote Paprikaschoten, klein gewürfelt
30 g Butter
1 Schalotte, fein gewürfelt
1 Prise Zucker
75 ml Weißwein
1 EL französischer Wermut
1 EL Tomaten, püriert
1 Knoblauchzehe, gepresst
1 EL Paprika edelsüß
700 ml Gemüsebrühe
1-2 TL Zitronensaft
Pfeffer
Salz
einige Tropfen Chilisoße
1-2 EL Maisstärke zum Binden
250 ml Sahne (fettreduziert), 50 ml davon geschlagen

Für die Beilage

Ciabatta-Brot
Olivenöl
Knoblauch

1 5 EL von der Paprika für die Deko beiseite stellen.
2 Die Butter in einer Pfanne zerlassen, dann die Schalottenwürfel darin glasig werden lassen, Paprika dazugeben und das Ganze 5 Minuten anschmoren. Anschließend Zucker darüber streuen, danach die Spirituosen zufügen. Jetzt das Tomatenpüree, den Knoblauch, Paprikapulver und die Brühe dazugeben und das Ganze weitere 10 Minuten leicht kochen.
3 Mit dem Pürierstab fein zerkleinern, durch ein Sieb geben und mit Zitronensaft, Pfeffer, Salz und Chilisoße abschmecken, evtl. mit der Maisstärke binden. Diese dazu in Wasser lösen, in die Suppe rühren und einmal aufkochen lassen, bis sie gebunden hat.
4 Anschließend die flüssige Sahne unterrühren und die Suppe nochmals aufschlagen. Als letztes die geschlagene Sahne dazugeben.
5 Als Beilage das Ciabatta-Brot aufschneiden, rösten, danach mit geschältem Knoblauch einreiben und mit Olivenöl bestreichen. Auf die vorgewärmten Teller je 1 EL von den beiseite gestellten Paprikawürfeln geben und die Suppe dazugießen.

Probieren Sie hierzu einen fruchtig-trockenen Mosel-Riesling.

Ein Esslöffelchen Wermut nur verlangt dieses Rezept – und da fragt sich mancher sicher sorgenvoll: wohin nur mit den restlichen 99,8 Prozent der Flasche? Natürlich am besten gaumenwärts, zu appetitanregenden Zwecken. Aber bitte in kleinen Dosen. Der Kräuterwein beinhaltet so viel Zucker, dass aus Wermut in der Folge sehr leicht Schwermut wird.

Kalbsbraten mit Sommerpilzen und frischem Gemüse

Zutaten

Für den Kalbsbraten
2 Zweige Thymian, gehackt
2 Zweige Rosmarin, gehackt
Salz
Pfeffer
4 EL Öl
1 kg Kalbsbraten

Für die Soße
1 Schalotte, gewürfelt
30 g Butter
1 Bund Suppengemüse, klein geschnitten
50 ml Cognac
50 ml Portwein
50 ml Madeira
100 ml Rotwein
Thymian nach Bedarf
Rosmarin nach Bedarf
1 Spritzer Worcestersoße
1 l Kalbsfond
Pfeffer
Salz

Für die Pilze
750 frische Pilze (Austernpilze, Kräuterseitlinge oder Shiitake)
2 Knoblauchzehen
40 g Butter
Salz
Pfeffer

Für das Gemüse
20 Stangen grüner Spargel
15 kleine Karotten mit Grün
40 g Butter
Salz

Hierzu passt ebenfalls ein Riesling, vielleicht ein wenig voller und körperreicher als der zur Vorspeise. Trixi entschied sich für einen aus dem Rheingau.

1 Für den **Kalbsbraten** erst die Marinade zubereiten. Dafür die Kräuter mit den restlichen Zutaten verrühren und das Fleisch darin 30 Minuten im Kühlschrank ziehen lassen. Dann herausnehmen und noch einmal 30 Minuten bei Zimmertemperatur stehen lassen, bevor es weiterverarbeitet wird.

2 Den Ofen (Ober-/Unterhitze) bei 80 °C mit dem Blech vorheizen. Tipp: Unbedingt ein extra Backofenthermometer zur Überprüfung der Temperatur in den Ofen stellen.

3 Nun das Fleisch gründlich ca. 10 Minuten von allen Seiten anbraten, auf das Blech legen und 3 bis 3,5 Stunden im Ofen garen (dafür ein weiteres Fleischthermometer in den Braten stecken). Wenn dieses Thermometer 55 °C anzeigt, die Hitze auf ca. 60 bis 65 °C reduzieren – der Garprozess wird gestoppt, aber das Fleisch bleibt so bis zu 60 Minuten heiß und saftig.

4 Für die **Soße** die Schalotte in der Butter glasig dünsten. Gemüse dazugeben und 10 Minuten schmoren. Danach die Spirituosen und Gewürze zufügen, einkochen, den Kalbsfond angießen und über ca. 30 Minuten einreduzieren lassen. Anschließend durch ein Sieb geben und abschmecken.

5 Für die **Sommerpilze** die Pilze nicht waschen, sondern nur trocken abreiben und in ca. 3 bis 4 cm breite Streifen schneiden. Knoblauch schälen und in Scheiben schneiden. Die Butter in einer Pfanne erhitzen, Pilze zugeben und scharf anbraten. Zum Schluss den Knoblauch, Salz und Pfeffer dazugeben und abschmecken.

6 Für das **Gemüse** Spargel und Möhren putzen. An den Möhren ca. 1 cm Grün dranlassen. Spargel kürzen (die holzigen Enden abschneiden), aber nicht schälen. Anschließend bissfest kochen, d.h. den Spargel ca. 5 Minuten, die Möhren ca. 3 Minuten. Danach beides in geschmolzener und aufgeschäumter Butter vorsichtig schwenken, mit Salz würzen und vom Herd nehmen.

7 Zum Anrichten den Braten in Scheiben schneiden, einen Soßenspiegel auf den Teller geben und das Fleisch darauf anrichten. Je 4 Spargelspitzen und Karotten dazulegen und das Pilzgemüse anrichten.

Cantuccini-Amaretto-Creme auf Erdbeeren

Zutaten

Für die Creme

250 g Mascarpone, fettreduziert
2 EL Milch (1,8 % Fett)
450 g Joghurt (1,8 % Fett)
Mark von 1 Vanilleschote
2 TL Zitronensaft
2 Päckchen Vanillezucker
3 EL Amaretto
6 weiche Amaretto-Kekse
3 Cantuccini-Kekse
50 ml fettreduzierte Sahne, geschlagen

Für die Rotweinsoße

100 ml Rotwein
100 ml roter Portwein
50 g Zucker

Für das Erdbeerpüree

750 g Erdbeeren (inkl. Deko s.u.)
flüssiger Süßstoff
1 EL Amaretto

Für die Deko

weiße Kuvertüre
dunkle Kuvertüre
5 Erdbeeren mit Grün
Pistazienkerne, gehackt
5 Physalis
20 ganze Erdbeeren zur Deko

1 Für die **Creme** in einem ersten Gefäß die Mascarpone mit der Milch cremig rühren.
2 In einem zweiten Gefäß Joghurt, Vanillemark, Zitronensaft, Vanillezucker und 3 EL Amaretto mixen.
3 Nun die Masse aus Gefäß eins und zwei zusammenschütten, sanft umrühren. Die Amaretto- und Cantuccini-Kekse zerkleinern und unterheben. Das Ganze kühl stellen. Die Sahne steif schlagen und kurz vor dem Servieren sanft dazurühren.
4 Für die **Rotweinsoße** in einem Topf auf höchster Stufe den Rotwein und den Portwein mit Zucker auf ein Drittel einkochen, dann leicht erkalten lassen.
5 Für das **Erbeerpüree** 200 g Erdbeeren zerkleinern, pürieren, mit flüssigem Süßstoff süßen und evtl. mit Zitronensaft abschmecken. Dann EL Amaretto und 2 EL von der Rotweinsoße zufügen und verrühren.
6 Für die **Deko** die Kuvertüren getrennt voneinander schmelzen. Die 5 Erdbeeren mit Grün in die weiße Kuvertüre tauchen und anschließend in den Pistazien wälzen. Die Physalisblätter nach oben drücken, dann die Früchte in die dunkle Kuvertüre tauchen. Die restlichen 20 Erdbeeren putzen und in dünne Spalten schneiden. Diese dann halbkreisförmig an den Tellerrand garnieren, die Creme in die Mitte setzen und die Fruchtsoße darum verteilen. Rotweinsoße über die Erdbeeren geben und das Ganze mit Pistazien, den Kuvertüre-Erdbeeren und den Physalis garnieren.

Der Portwein für die Soße kann auch zum Dessert gereicht werden.

Menü 8

Variationen von der Jakobsmuschel

Rehrücken aus Kräuterdampf mit Steinpilzen und Kartoffelstampf

Quittenparfait mit Birnentarte und Zabaione

Michael aus Hamburg muss sich im Dienst als Feuerwehrbeamter oft selbst versorgen, kocht aber am liebsten zusammen mit Freunden und für Freunde. Ein Kocherlebnis der besonderen Art erlebte er im Rahmen eines Kochpraktikums im »Tafelhaus« bei Christian Rach.

Timing

Die Paprikamarmelade verspricht mit ihrem Namen nicht zu viel, denn sie wird, wie andere Marmeladen auch, eingekocht. Das heißt, sie kann prima vorbereitet werden.

Bei der Hauptspeise ist viel gleichzeitig zu tun: Die Kartoffeln kochen, während der Rehrücken dampfgart und der Rehfond reduziert. Und dann müssen Sie auch noch darauf achten, dass die feinen Steinpilze ganz zum Schluss auf den Punkt gegart sind. Das geht nur, in dem Sie sich alle Zutaten so weit es geht vorbereiten und übersichtlich zurecht stellen – und indem Sie nicht die Nerven verlieren. Denn eigentlich ist es gar nicht so schwer: Nur der Rehrücken benötigt Ihre ganz besondere Aufmerksamkeit. Wenn die Kartoffeln gar sind, können sie ruhig noch ein Weilchen auf den Stampfer warten. Und der Rehfond muss ohnehin nicht auf den Milliliter genau einkochen. Während der Rehrücken im Topf 10 Minuten gar zieht, braten Sie die Steinpilze – und werfen so ganz nebenbei Sternanis und Kardamom in die Soße, die Sie dann – erst ganz zum Schluss, wenn alles fertig ist – mit Butter binden. So einfach ist das.

Das Quittenparfait muss zwei Mal 24 Stunden kühlen – einmal im Kühlschrank, dann im Eisfach. Auch wenn das Dessert damit nichts für Kurzentschlossene ist, ist das sehr gut so, denn die Zabaione, die ebenfalls konstituierender Bestandteil dieses köstlichen Desserts ist, will warm serviert werden – und verlangt Ihre ganze Hinwendung während der Zubereitung. Die Birnentarte darf ruhig im Kühlschrank auf den Ofen warten.

Das kann vorbereitet werden

- Paprikamarmelade einkochen
- Salat putzen und feucht kühlstellen
- Quittenparfait anrühren und einfrieren
- Birnentarte vorbereiten und kühl stellen

Nicht vergessen

Tiefkühlblätterteig für die Birnentarte rechtzeitig auftauen!

So geht's

Wer sich nur mit einem Messer bewaffnet an eine rohe **Paprika** macht, um sie zu häuten, macht sich unnötig das Leben schwer. Ein einfacher Sparschäler, mit ein wenig Druck über die Paprika gezogen, löst die Haut gut vom Fleisch. Den Rest dann vorsichtig mit einem spitzen Messer abziehen. In diesem Fall ist es nämlich nicht angeraten, die übliche Methode anzuwenden, das heißt, die Paprikahälften unter den Grill zu legen, denn aus der Haut wird später die Flüssigkeit für die Marmelade gekocht. Und deshalb sollte sie nicht verbrannt sein.

Das Olivenöl auf jeden Fall zum Schluss zur **Vinaigrette** zugießen, damit sich das Aroma der Gewürze entfalten kann. Und: Den Salat erst kurz vor dem Servieren mit der Vinaigrette anmachen!

Das Wasserbad, in dem Sie die Eigelb-Zucker-Weißwein-Masse zu **Zabaione** schlagen, muss zwar warm sein, darf aber auf keinen Fall kochen, da sonst das Eigelb stockt. Nehmen Sie daher auch immer wieder zwischendurch die Schüssel aus dem Wasser, damit das Ei nicht am Rand gerinnt und die Wärme sich gleichmäßig verteilt.

Eine Zabaione muss sofort serviert werden, da sich der feine Schaum sonst wieder verflüssigt. Sie können sie auch, wenn das mehr nach Ihrem Geschmack sein sollte, über einer Schale mit Eiswürfeln kalt schlagen.

Übrigens

Savora-Senf gibt es in Frankreich in vielen Supermärkten. Wer allerdings nicht die Reise auf sich nehmen will, um diese Salatvinaigrette zuzubereiten, der kann auch auf einen anderen milden (!) Senf zurückgreifen.

Wenn's wirklich perfekt sein soll

Rote Bete in Balsamicoessig
... passt perfekt zum Rehrücken

2 große Rote-Bete-Knollen
20 ml Balsamicoessig
60 g Schmand
Petersilie nach Geschmack

Die Rote Bete schälen und mit einem Hobel zu „Spaghetti" verarbeiten. Dann in Balsamicoessig und etwas Wasser al dente kochen und mit Schmand und Petersilie abschmecken.

Bei aufwändigen Menüs kann es schon mal passieren, dass die Gäste zwischen zwei Gängen ein Stündchen länger warten müssen als geplant. Gastgeber von Format halten darum eine Entschuldigungsrede parat, die mindestens an die Auftritte Bill Clintons heranreicht, als er sein Volk für die Sache mit Monica Lewinski tränenreich um Vergebung anflehte. Die Gäste hungern dann zwar trotzdem weiter, fühlen sich währenddessen aber ernst genommen.

Variationen von der Jakobsmuschel

Zutaten

Für die Paprikamarmelade

1 rote Paprika
1 Zweig Thymian
20 ml weißer Balsamicoessig
1 kleine Knoblauchzehe, fein gewürfelt
2 Schalotten, fein gewürfelt
20 g Meeresalgen
Soßenbinder nach Bedarf

Für den Salat

1 grüner Salat (Frisée)
40 ml Balsamicoessig
frisch gemahlener Pfeffer
1 kleine Prise Cayennepfeffer
1 kleine Prise Chilipulver
1 Messerspitze Salz
1 Prise Zucker
1 Knoblauchzehe, gepresst
½ TL Dijon-Senf
½ TL Savora-Senf
10 ml Birnendicksaft (aus dem Reformhaus)
60-70 ml Olivenöl
50 g frischer Parmesan, fein gerieben

Für die Limonenvinaigrette

10 ml weißer Balsamicoessig
Saft von ½ Limette
frisch gemahlener Pfeffer
1 kleine Prise Chilipulver
1 Messerspitze Salz
1 Prise Zucker
½ Knoblauchzehe, gepresst
½ TL Savora-Senf
10 ml Holunderblütensirup
Olivenöl nach Bedarf

Für die Jakobsmuscheln

15 Jakobsmuscheln (ohne Rogen)
5 dünne Scheiben milder, luftgetrockneter Schinken (möglichst kein Parma oder Serrano)

1 Für die **Paprikamarmelade** die Paprika häuten und die Haut mit Thymian, Balsamicoessig, Knoblauch, Schalotten und einem guten Schuss Wasser zum Kochen bringen.
2 Die Paprika selbst in feine Würfel, und die Meeresalgen in kleine Stücke schneiden. Anschließend die auf mittlerweile ca. ein Drittel reduzierte Flüssigkeit durch ein Sieb passieren und mit Soßenbinder binden. Zum Schluss die Paprikawürfel und Meeresalgen zugeben und das Ganze erkalten lassen.
3 Den **Salat** waschen und trocknen. Für die Salatvinaigrette alle Zutaten, außer dem Olivenöl und dem Parmesan, miteinander verrühren, dabei nach Geschmack würzen und einen Moment ziehen lassen. Danach langsam das Olivenöl unter Rühren einfließen lassen, bis eine leicht cremige Konsistenz entsteht. Zum Schluss den fein geriebenen Parmesankäse zugeben und verrühren.
4 Für die **Limonenvinaigrette** zum Jakobsmuschel-Carpaccio alle Zutaten bis auf das Olivenöl mischen, verrühren und zum Schluss das Olivenöl dazugeben, bis eine cremige Konsistenz entsteht – wie bei der Salatvinaigrette.
5 Kurz vorm Servieren pro Person eine Jakobsmuschel in Scheiben schneiden, auf dem Teller als Carpaccio anrichten und mit der Limonenvinaigrette beträufeln. Dann eine weitere Jakobsmuschel pro Person pfeffern und in Schinken einwickeln (nur einmal umwickeln) und eine letzte Jakobsmuschel pfeffern und salzen. Dann beide Varianten zusammen braten. Dabei beachten, dass die Muschel im Schinkenmantel etwas länger braucht. Sie sollten innen noch leicht glasig sein.
6 Zum Anrichten abwechselnd Muschel und Salat, der vorher in der Vinaigrette gewendet wurde, auf einem länglichen Teller anrichten und die einfach gebratene Muschel dabei auf der Paprikamarmelade platzieren.

Probieren Sie hierzu einen Riesling mit rassiger Säure.

Rehrücken aus Kräuterdampf mit Steinpilzen und Kartoffelstampf

Zutaten

Für die Farce
200 g Hähnchenbrust
5 Pimentkörner, gemahlen
8 Wacholderbeeren, im Mörser zerstoßen
1 Eiweiß
125 ml Sahne
10 Wirsingblätter, blanchiert

Für den Kartoffelstampf
1 kg Kartoffeln (Linda)
1 TL gekörnte Geflügelbrühe
50 g Butter
125 ml Sahne

Für den Rehrücken
800 g Rehrücken, ausgelöst
Olivenöl
div. Kräuter (Rosmarin, Thymian, Estragon, Petersilie, Schnittlauch etc.)

Für die Soße
400 ml Rehfond
Sternanis
2 Kardamomkapseln
kalte Butterwürfel nach Bedarf

Für die Steinpilze
300–400 g Steinpilze
Olivenöl
3 Schalotten, fein gewürfelt
20 g Butter
Pfeffer
Salz

1 Für die **Farce** die Hähnchenbrust waschen und klein schneiden. Dann zusammen mit den Gewürzen, dem Eiweiß und der Sahne im Mixer zu einer glatten Masse verarbeiten, und diese auf die blanchierten und trokken getupften Wirsingblätter streichen.

2 Nun die **Kartoffeln** schälen und in der Gemüsebrühe gar kochen und einen Teil der Kochflüssigkeit beiseite stellen. Die Kartoffeln mit 50 g Butter und Sahne zu einem cremigen Stampf verarbeiten, evtl. noch Brühe zugeben.

3 Währenddessen den **Rehrücken** in Olivenöl kurz anbraten, auf die Wirsingblätter mit der Farce legen und einrollen. Dann in Portionen pro Person schneiden und in den Dampfeinsatz eines Kochtopfes legen. Den Kochtopf mit Kräutern und Wasser befüllen, bis die Kräuter bedeckt sind und einmal aufkochen lassen. Danach den Dampfeinsatz einsetzen und ca. 10 Minuten im geschlossenen Topf sanft garen.

4 Für die **Soße** den Rehfond auf etwa die Hälfte reduzieren und Sternanis und Kardamom ca. 5 Minuten (nach Geschmack) mitkochen, dann wieder herausnehmen. Zum Schluss die Soße mit kalten Butterwürfeln binden.

5 Für die **Steinpilze** die Pilze putzen und in Olivenöl anbraten. Danach die Schalotten sowie Butter zugeben, fertig braten und mit Pfeffer und Salz abschmecken.

6 Jede Portion des Rehrückens ein Mal aufschneiden und auf einem Soßenspiegel anrichten. Den Kartoffelstampf in eine Spritztüte geben und auf den Teller auftragen. Die Steinpilze dazu anrichten. Hierzu passt hervorragend Rote Bete in Balsamico.

Zum Reh passt ein kräftiger Châteauneuf-du-Pape mit seiner Fruchtsüße wie von eingekochten Früchten.

Quittenparfait mit Birnentarte und Zabaione

Zutaten

Für das Quittenparfait
400 ml Quittensaft
½ Vanilleschote
100 g Zucker
4 Eigelb
200 g Butter
5 Förmchen (ca. 10-12 cm Durchmesser)

Für die Birnentarte
4 reife Birnen
1 Packung TK-Blätterteig (250 Gramm)
Butter und Zucker für die Formen
5 kleine Tarteformen

Für die Zabaione
3 Eigelb
2 EL Zucker
50 ml Weißwein
2 cl Birnenschnaps

1 Für das **Quittenparfait** das Eigelb mit Zucker schaumig aufschlagen. Den Quittensaft aufkochen. Die Vanillestange halbieren und zum Saft geben. Kurz aufkochen lassen, wieder entnehmen, und auskratzen. Das Mark zum Saft hinzufügen. Heiße Flüssigkeit langsam in die Ei-Zucker-Masse einrühren. Butter nach und nach mit einem Pürierstab untermixen. Dann 24 Stunden im Kühlschrank erkalten lassen, anschließend erneut mit dem Mixer aufschlagen und in Portionsförmchen verteilen. Zum Schluss nochmals 24 Stunden im Gefrierschrank gefrieren.
2 Für die **Birnentarte** die Birnen schälen, entkernen und in Spalten schneiden. Blätterteig in Formgröße ausschneiden und die Formen buttern und zuckern. Anschließend die Birnenspalten hinein geben und mit dem Blätterteig belegen. Dann 12 Minuten im Backofen (180° Ober- und Unterhitze) garen.
3 Für die **Zabaione** die Eigelbe mit dem Zucker im warmen Wasserbad schaumig aufschlagen und nach und nach Weißwein und Schnaps einrühren, bis eine homogene Konsistenz entsteht.
4 Zum Servieren das Quittenparfait kurz in heißes Wasser halten und auf Teller stürzen. Die Tarte ebenfalls stürzen und mit der Zabaione anrichten.

Hierzu passt ein süßer, aber fruchtiger Eiswein vom Riesling.

Birne

Birnen – das „Geschenk Gottes", wie Homer sie nannte – sind empfindlich und reagieren auf grobes Anfassen mit Druckstellen. Trotzdem sollten Sie reife Früchte kaufen, bei denen die Schale leicht nachgibt, denn das typische Aroma entwickelt sich erst bei saftigem Fruchtfleisch. Ob sie mehlig schmeckt, kann man ihr allerdings nicht ansehen. Am besten, Sie bitten darum, vor dem Kauf ein Stück probieren zu dürfen. Übrigens: Birnenzeit ist unseren Gefilden von Juli-August, in der übrigen Zeit fliegen sie aus dem Ausland ein. Birnen werden geerntet, wenn sie voll entwickelt sind und reifen dann bei Raumtemperatur von innen nach außen nach. Danach halten sie sich am besten im Kühlschrank. Birnen machen sich nicht nur in Kuchen gut: Die süße, saftige Frucht bereichert jede Käseplatte und passt hervorragend in ein Salatdressing mit Nüssen. In Rotwein eingelegt gibt sie eine köstliche Beilage zu Entenbrust und Wild ab.

Menü 9

Rotbarbenfilet auf Friséesalat mit Pesto
Spanferkelrücken mit Ochsenschwanzsoße
Ganache von Schokolade mit Früchten

Michael aus Düsseldorf entwickelt beim Kochen den Ehrgeiz immer besser zu werden. Zurzeit beschäftigt er sich mit der molekularen Küche, da ihm das Experimentieren mit Zutaten viel Freude bereitet.

Timing

Das Langwierigste an diesem Menü ist die Ochsenschwanzsoße für das Spanferkel, denn die muss einige Stunden einkochen. Wenn Sie alle Zutaten bereits am Morgen ansetzen, müssen Sie sie nur kurz vor dem Servieren passieren und ein wenig einkochen lassen. Das Spanferkel zieht nach dem Anbraten ungefähr 10 Minuten im Ofen. In dieser Zeit können Sie das Gemüse für das Ratatouille dünsten – das Sie übrigens ohne Weiteres schon vor dem Eintreffen der Gäste zubereiten können.

Achtung: Die Fischfarce für die Vorspeise nicht zu lange im Voraus anrühren und dann sofort in den Kühlschrank stellen!

Die Ganache kann sowohl warm als auch kalt serviert werden – ganz nach Ihrem Geschmack und dem Ihrer Gäste. Wenn Sie auf Nummer sicher gehen wollen, ist das Dessert bereits fertig, wenn Sie Ihren Aperitif schlürfen.

So geht's

Die **Wildkräuter** für den Salat stellen Sie selber nach Lust und Laune zusammen, z.B. Brennnessel, Sauerampfer, Löwenzahn, Brunnenkresse oder Bärlauch. Auch der im Garten oft so verhasste, weil fleißig wuchernde Giersch passt hervorragend in ein Kräuterbouquet.

Lemonpfeffer ist Zitronenpfeffer. Den gibt es bereits als fertige Mischung zu kaufen. Achten Sie darauf, dass keine weiteren Gewürze, wie etwa Knoblauch, beigemischt sind, sondern das Gewürz tatsächlich nur aus Zitrone und Pfeffer besteht.

Wenn's wirklich perfekt sein soll

Für alle, die's kräftiger mögen: Der Salat kann mit angebratenen hauchdünnen Auberginen- und Zucchinischeiben erweitert werden. Ein wenig Knoblauch gibt dem Pesto einen rustikalen Geschmack. Und die Salatsoße verträgt auch 1 TL Dijon-Senf.

Machen Sie den Zitronenpfeffer selber, indem sie eine unbehandelte Zitrone abreiben, im Backofen bei milder Hitze ca. 20 Minuten trocknen und mit grob gemahlenem Pfeffer mischen (ca. 1 Esslöffel). Da das Aroma schnell verfliegt, sollten Sie Zitronenpfeffer immer möglichst frisch zubereiten.

Das kann vorbereitet werden

- Salate säubern
- Pesto zubereiten
- Gemüse vorbereiten
- Ochsenschwanzsoße ansetzen
- Brombeerkompott einkochen

Nicht vergessen

Pinienkerne nicht zu lange in der Pfanne rösten, sonst werden sie bitter.

Rotbarbenfilet auf Friséesalat mit Pesto

Zutaten

Für das Rotbarbenfilet
6 Rotbarbenfilets (mit Haut)
Salz
Pfeffer
kalte Butter
Sahne nach Bedarf
etwas Limonensaft
2 Kartoffeln
Olivenöl
Fleur de Sel

Für den Salat
1 feiner Friséesalat
150 g Wildkräutersalat
125 ml Olivenöl
1 TL Champagneressig
1 TL Sherryessig
1 EL Nussöl
Saft von 2 Limonen
1 TL Lemonpfeffer
Salz
Pfeffer

Für das Pesto
25 g Pinienkerne
100 g Basilikum
Olivenöl nach Bedarf
Salz
Pfeffer

1 Den Fisch filetieren und sorgfältig entgräten. Danach die Filets salzen und pfeffern.

2 Dann ein Filet klein schneiden und mit kalter Butter, Sahne, Salz, etwas Limonensaft und Pfeffer zu einer Farce verarbeiten.

3 Die Kartoffeln schälen, roh mit dem Trüffelhobel in feine Scheiben hobeln.

4 Den **Salat** putzen, waschen und trockenschleudern. Für die Salatsoße das Olivenöl mit Champagneressig, Sherryessig, Nussöl und dem Limonensaft mischen. Mit einem Teelöffel Lemonpfeffer, Salz und Pfeffer abschmecken.

5 Für das **Pesto** die Pinienkerne rösten. Dann das Basilikum waschen, von den groben Stängeln trennen und im Mörser mit den gerösteten Pinienkernen und dem Olivenöl zu einem Pesto verarbeiten. Mit Salz und Pfeffer abschmecken.

6 Jetzt die **Fischfilets** auf der Hautseite mit der Farce bestreichen, mit den Kartoffelscheiben wie mit Schuppen belegen, andrücken und auf der Kartoffelschicht in einer beschichteten Pfanne in Olivenöl goldbraun anbraten.

7 Den Salat mit der Soße marinieren und mit dem Pesto und der Rotbarbe anrichten. Mit Pfeffer und Fleur de Sel abschmecken.

Hierzu reichte Michael den Champagner, den seine Gäste bereits zum Aperitif genießen durften. Und der passt auch vorzüglich.

Spanferkelrücken mit Ochsenschwanzsoße

Zutaten

Für die Ochsenschwanzsoße

500 g Wurzelgemüse
1 Stange Lauch
250 g Staudensellerie
1 kg Ochsenschwanz
Mehl
Butterschmalz
1 EL Tomatenmark
1 l Fleischfond
1 Flasche Rotwein
100 ml Madeira
Rosmarin nach Bedarf
Thymian nach Bedarf

Für das Spanferkel

1 Spanferkelrücken (ca. 1,5 kg mit Knochen und Schwarte)
Butterschmalz
Altbier
Salz
Pfeffer
25 g Puderzucker
2 ½ Knollen junger Knoblauch

Für das Ratatouille

jeweils 1 rote, gelbe und grüne Paprika
2 Gemüsetomaten
1 Zucchini
1 Gemüsezwiebel
Olivenöl
Fleur de Sel

1 Für die **Ochsenschwanzsoße** das Wurzelgemüse, Lauch und Staudensellerie putzen und grob zerkleinern. Den Ochsenschwanz in Stücke schneiden, mehlieren und in einem großen Bräter mit zerlassenem Butterschmalz anbraten, bis die Stücke Farbe bekommen haben. Das Tomatenmark dann mit anschwitzen und das Wurzelgemüse sowie den Lauch und die Hälfte des Staudenselleries dazugeben. Dann etwas Fond angießen. Nach 30 Minuten den Rotwein und Madeira zufügen und aufkochen, damit sich der Alkohol verflüchtigt. Anschließend mit dem restlichen Fond aufgießen und auf kleiner Flamme 3 bis 4 Stunden ziehen lassen. In der letzten Stunde vor dem Servieren Thymian und Rosmarin hineingeben.
2 Für das **Spanferkel** den Rücken auslösen (evtl. vom Metzger vorbereiten lassen) und sauber parieren.
3 Mit einem sehr scharfen Messer (Skalpell oder Teppichmesser) kleine Karrees in die Schwarte ritzen. Bei kleiner Hitze in einem Bräter 15 Minuten auf der Schwarte in Butterschmalz braten. Mit einem Schuss Altbier ablöschen, weiter auf der Schwarte lassen bis das Altbier verdampft ist. Das Fleisch mit Salz und Pfeffer würzen und auf der anderen Seite anbraten. 25 ml Altbier, 10 g Salz und 25 g Puderzucker mischen und die Schwarte damit übergießen. Den Backofen auf 220° vorheizen und dann das Fleisch 10 bis 15 Minuten unter den Grill mit der Schwarte nach oben geben. Anschließen 10 Minuten im Backofen bei geöffneter Tür ruhen lassen.
4 Die Knoblauchknollen halbieren und die 5 Hälften auf der aufgeschnittenen Seite in der Pfanne mit Olivenöl anbraten. In Alufolie wickeln und zu dem Spanferkel legen. 15 Minuten weich backen lassen.
5 Für das **Ratatouille** die Paprika und Tomaten schälen, entkernen und in kleine Quadrate von jeweils ca. 1,5 cm schneiden. Die Zucchini putzen, in dünne Scheiben schneiden und dann ebenfalls in diese Form bringen. Jetzt die Gemüsezwiebel abziehen, in die einzelnen Schichten zerlegen und ebenfalls in Quadrate schneiden. Anschließend das gesamte Gemüse in einer beschichteten Pfanne in Olivenöl separat nacheinander bei mittlerer Hitze garen lassen und abschließend mischen und mit Fleur de Sel würzen.
6 Zum Schluss die entstandene Soße vom Ochsenschwanz durch ein Sieb passieren und etwas einkochen lassen. Den Spanferkelrücken in Portionen schneiden und zusammen mit dem Ratatouille und den gebratenen Knoblauchknollen auf einem Teller anrichten. Das Fleisch mit der Soße vom Ochsenschwanz nappieren. Hierzu passt Kartoffelpüree mit ein wenig Knoblauch.

Ein Corbières aus dem Süden Frankreichs harmoniert vorzüglich mit diesem Gericht.

Ganache von Schokolade mit Früchten

Zutaten

Für die Ganache
125 g weiche Butter
125 g Zucker
4 Eier
125 g feinste Schokolade (mindestens 70 % Kakao)
125 g Mehl
6 g Backpulver
5 Schokoladenstücke oder halbe Schoko-Trüffel

Souffleeförmchen
Fett für die Förmchen

Für das Brombeer-Balsamico-Kompott
300 g Brombeeren
40 g Zucker
20 g Butter
50 ml roter Portwein
alter Balsamicoessig

Für die Deko
Minze
Puderzucker

1 Für die **Ganache** die Butter mit dem Zucker und den Eiern schaumig schlagen. Anschließend die Schokolade im Wasserbad schmelzen und unter die Masse heben. Dann das Mehl sieben, das Backpulver dazu geben und ebenfalls unterziehen. Das Ganze luftig aufschlagen, in gefettete Soufflee-Förmchen füllen und bei ca. 170 °C im Backofen auf mittlerer Schiene ca. 15 Minuten backen. Nach 10 Minuten in die Masse mittig jeweils ein Stück Schokolade oder einen halben Schoko-Trüffel eindrücken.
2 Für das **Kompott** die Brombeeren (einige vorher für die Deko beiseite legen) in Zucker, Butter und Portwein einkochen und eindicken lassen. Zum Schluss etwas Balsamicoessig zufügen.
3 Zum Servieren jeweils auf einem Teller die Ganache aus dem Förmchen stürzen und mit dem Brombeerkompott garnieren. Mit etwas Minze und Puderzucker dekorieren.

Zum kräftigen Schokoladendessert reichte Michael eine Riesling Spätlese von der Mosel.

Obacht! Falls ein Franzose Sie als Ganache bezeichnet, will er keineswegs sagen, dass Sie eine süße Schnitte sind. Ganache heißt Trottel. Der Sage nach nannte einst ein Chefkoch seinen Küchenjungen so, weil der mit süßen Sachen pantschte – und aus Versehen eine köstliche Schokobombe erfand: die Ganache. In diesem Sinne: ein Herz für Trottel!

Menü 10

Weißer Tomatenschaum auf Pistazienbiskuit mit Kaviar und Tomatenconsommé

Spieß von Jakobsmuscheln und Scampi auf Kokosrisotto und Thai-Curryschaum

Passionsfruchttörtchen

Cornelius aus Karlsruhe kann beim Kochen abschalten und entspannen. Am liebsten kocht er für Freunde in geselliger Runde. Er probiert gern Neues aus, oft auch Ausgefallenes und Aufwändiges, denn er findet, dass sich der Aufwand lohnt.

Timing

Die Consommé wird am Tag zuvor zubereitet und dann über Nacht kaltgestellt. Bringen Sie aber ein bisschen Zeit und Geduld mit in die Küche, um alle Komponenten der Tomatenschaumtörtchen sauber in die Ringe einzufüllen. Und denken Sie daran, den Biskuitteig rechtzeitig zu backen, damit er ausreichend abkühlen kann.

Ein Risotto zum Hauptgericht ist immer ein kleines Kunststück, denn eigentlich müsste der Koch die gesamte Garzeit daneben stehen, um gewissenhaft zu rühren, anstatt sich um seine Gäste zu kümmern. Die Ofenmethode hat den Vorteil, dass der Reis gar „zieht". Dennoch muss auch hierbei dann und wann umgerührt werden. Nach der Garzeit von 20 bis 25 Minuten sollte das Risotto zügig serviert werden, damit es nicht pappig wird. Wer sicher gehen will, macht eine lange Pause zwischen Vor- und Hauptspeise. Die beiden Soßen können allerdings vorbereitet und dann kurz vor dem Servieren mit Butter montiert werden. Und die Garnelen-Muschel-Spieße dürfen ohnehin keine allzu ausführliche Bekanntschaft mit der Pfanne machen.

Eine gute Nachricht: Die Torte zum Dessert ist zwar aufwändig in der Herstellung, steht aber schon bereit, wenn ihre Gäste eintreffen. Genauso wie das Sorbet (das übrigens einen Tag durchziehen muss!), das Sie dazu reichen können, um alles perfekt zu machen. Tipp für vielbeschäftigte Gastgeber: Die Torte kann schon am Vortag geschichtet werden!

Das kann vorbereitet werden

- Pistazienbiskuit backen
- Tomatenconsommé kalt stellen
- 2 Thai-Curry-Soßen zubereiten und einreduzieren lassen
- Passionsfruchttörtchen zubereiten
- Flüssigkeit für das Sorbet am Tag vorher ansetzen
- Passionsfrucht-Sorbet kalt stellen
- Torte schichten

Nicht vergessen

Das Risotto regelmäßig umrühren! Sonst setzt sich die Stärke auf dem Boden des Topfes ab.

So geht's

Black Tiger Shrimps sind Riesengarnelen. Falls Sie lieber auf eine andere Sorte zurückgreifen, tut das dem Rezept selbstverständlich keinen Abbruch. Sogar gegen Tiefkühlkost ist nichts einwenden – denn einen guten Fischhändler hat leider nicht jeder in seiner Nähe. Achten Sie beim Auftauen jedoch darauf, dass die Tiere nicht zu lange im Wasser liegen. Am besten tauen Sie die Garnelen über Nacht im Kühlschrank auf, und zwar in einem Sieb, das Sie in einen Topf hängen. Dann allerdings zügig weiterverarbeiten! Wenn aufgetaute Krustentiere zu lange liegen, vermehren sich Keime.

Wichtig: Bei Garnelen sitzen die Verdauungsdrüsen am Kopf. Und darin steckt, wie anderen Lebewesen auch, ein hohes Schadstoffpotenzial. Deshalb sollten Sie das Kopfteil immer ganz entfernen, bevor sie die Garnelen weiterverarbeiten. Der Darm ist als feiner, dunkler Strich im weißen Fleisch erkennbar und lässt sich leicht mit einem scharfen, spitzen Messer aus dem Körper lösen.

Achten Sie darauf, dass der Topf, in dem die **Gelatine** für den Tomatenschaum aufgelöst wird, nicht zu heiß wird. Wer sich unsicher ist, legt die Gelatine in eine Schöpfkelle und löst sie über dem Wasserbad auf.

Tipp: Der Passionsfruchtsaft kann auch fertig gekauft werden, falls Sie keine geeigneten Früchte finden sollten.

Übrigens

Der echte, „schwarze" **Kaviar** stammt vom Stör (Beluga-, Ossietra- und Sevrugastör), der vor allem im Schwarzen, Asowschen und Kaspischen Meer und ihren Zuflüssen gefangen wird. Der Beluga ist nicht nur der bekannteste, sondern tatsächlich auch der feinste und teuerste – und mit ca. 3 mm Durchmesser größer als seine Konkurrenten, die durchschnittlich 2 mm aufweisen. Seine Farbe ist nicht schwarz, sondern hellgrau bis anthrazitfarben. Die typische hellblaue Farbe des Dosendeckels wird mittlerweile sogar von denen erkannt, die noch nie Kaviar probiert haben. Auch der Sevruga schimmert nicht schwarz, sondern in allen Grautönen. Nur der Ossietra-Kaviar ist silbergrau bis schwarz.

Die Eier des Lachskaviars sind größer als der klassische Kaviar und haben eine natürliche rötliche Färbung. Eigentlich heißen sie auch gar nicht Kaviar sondern Rogen, da ausschließlich die Eier des Störs die Bezeichnung Kaviar tragen dürfen. Falls Ihnen der echte Kaviar zu teuer sein sollte, greifen Sie wie der Gastgeber dieses perfekten Dinners auf Seehasen-Rogen zurück. Der kommt aus deutscher Produktion und wird schwarz eingefärbt. Die ganz Spitzfindigen werden den Unterschied aber gleich an der unregelmäßigen Körnung erkennen.

Wenn's wirklich perfekt sein soll

Ein frisch-fruchtiges Sorbet
... passt perfekt zum Passionsfruchttörtchen

1 kg frische Passionsfrüchte
500 ml kohlensäurehaltiges Mineralwasser
100 g Zucker
50 g Glukose
Saft von 3 Zitronen

Für das **Passionsfruchtsorbet** die Passionsfrüchte halbieren und aushöhlen. Das Fruchtfleisch mit Mineralwasser und Zucker aufkochen. Die Flüssigkeit im Kühlschrank einen Tag lang durchziehen lassen, anschließend durch ein Sieb passieren. Glukose mit dem Zitronensaft erwärmen und in den Saft einrühren. Zum Schluss das Ganze in die Eismaschine geben. Wer keine Maschine hat, nicht verzagen: Ins Eisfach stellen, eine Stunde anfrieren lassen und dann alle halbe Stunde rumrühren, damit es nicht zu fest wird. Falls doch: Einfach mit dem Mixer pürieren!

Weißer Tomatenschaum auf Pistazienbiskuit mit Kaviar und Tomatenconsommé

Zutaten

Für die Tomatenconsommé (ca. 1 l)

1 kg frische, reife Tomaten
1 Dose ganze, geschälte Tomaten
2 Eiweiß
500 g gehacktes Rindfleisch
1 Karotte, gewürfelt
½ Knollensellerie, gewürfelt
½ Lauchstange, in feinen Ringen
1 Knoblauchzehe, fein gehackt
einige weiße Pfefferkörner
einige Wacholderbeeren
1 Zweig Thymian
1 Zweig Rosmarin
1 Prise Zucker
1 Prise Salz
2 l Geflügelfond (ersatzweise kaltes Wasser)
Eiswürfel

Für das Pistazienbiskuit

2 Eier (Größe M)
35 g Puderzucker
1 EL Rum
40 g Mehl
1 Prise Salz
30 g gemahlene Pistazienkerne
Backpapier

Für den Tomatenschaum

6 Blätter weiße Gelatine
250 ml klarer Tomatenfond
3 EL Lachskaviar
1 EL schwarzen Kaviar
100 ml Sahne

1 Für die **Tomatenconsommé** die frischen Tomaten entstrunken, grob schneiden und mit den Dosentomaten mischen. Das Eiweiß mit einem Schneebesen leicht aufschlagen und mit dem Rindfleisch, dem Gemüse und den Tomaten vermengen. Anschließend den Knoblauch sowie sämtliche Gewürze einrühren und die Mischung in einem großen Topf geben. Nochmals gut verrühren und zuletzt mit dem Gemüsefond bzw. Wasser und Eis auffüllen. Nun den Topf auf den Herd stellen und unter mehrmaligem Umrühren zum Kochen bringen. Gründliches Rühren ist vor allem am Anfang wichtig, damit sich das Eiweiß nicht am Boden absetzt. Sofort nach dem Aufkochen die Hitze reduzieren und etwa 3 bis 4 Stunden weiter köcheln lassen. Wenn nötig, nachwürzen. Während des Kochens setzt sich die Masse langsam ab und die Flüssigkeit wird klar. Die Consommé zum Schluss vorsichtig durch ein Haarsieb abseihen. Über Nacht im Kühlschrank abkühlen lassen.

2 Für das **Biskuit** die Eier trennen und das Eiweiß steif schlagen, bis sich das Volumen verdoppelt hat. Puderzucker dabei einrieseln lassen. Mehl sieben.

3 Anschließend Eigelb, Rum, 20 g Mehl, Salz und gemahlene Pistazien glattrühren. Dann Eigelbmasse und Eischnee langsam verrühren und das restliche Mehl vorsichtig unterheben.

4 Die Biskuitmasse ca. 1 cm dick auf ein mit Backpapier ausgelegtes Backblech streichen und im vorgeheizten Backofen (200 °C / Stufe 2) ca. 10 Minuten backen. Danach auskühlen lassen und mit Ringen (ca. 6 cm Durchmesser) Kreise ausstechen. Diese dann als Boden in den Ringen lassen.

5 Für den **Tomatenschaum** die Gelatine in etwas kaltem Wasser einweichen, ausdrücken und in etwas warmem Wasser auflösen. In den kalten Tomatenfond geben und in einer Schüssel auf Eiswürfeln mit den Schneebesen des Handrührgerätes schaumig schlagen. Sahne steif schlagen und unterheben und den Tomatenschaum in die Ringe mit dem Pistazienbiskuitboden füllen. Für 2 bis 3 Stunden kalt stellen.

6 Zum Servieren den Tomatenschaum vorsichtig aus den Ringen lösen, auf Tellern anrichten und den Kaviar auf der Tomatenschaum-Oberfläche verteilen. Die Tomatenconsommé separat servieren – natürlich aufgewärmt.

Tomate braucht einen Wein, der ihrer Säure etwas entgegensetzen kann – wie etwa ein aromatischer Riesling oder ein buttriger Chardonnay aus Kalifornien.

Spieß von Jakobsmuscheln und Scampi auf Kokosrisotto und Thai-Curryschaum

Zutaten

Für das Kokosrisotto

1 Knoblauchzehe, fein geschnitten
20 g Schalotten, fein geschnitten
40 ml Olivenöl
150 g Risottoreis
100 ml Weißwein
250 ml Geflügelbrühe
40 g Kokosmark
20 g Parmesan
80 g Butter
Meersalz
Pfeffer aus der Mühle
Chilifäden zur Dekoration

Für die Curry-Soßen

10 Stangen Zitronengras, grob geschnitten
2 Fenchelknolle, grob geschnitten
10 Schalotten, grob geschnitten
2 Lauchstange, grob geschnitten
200 g Butter
1 Messerspitze grüne Thai-Currypaste
1 EL Currypulver Madras
1 EL roter Hibiskus-Curry
500 ml trockener Riesling
500 ml Fischfond
500 ml Krustentierfond
100 g Kokosmark
200 ml Sahne
Salz
Cayennepfeffer

Für die Spieße

10 Black-Tiger-Shrimps
5 Jakobsmuscheln
Meersalz
Pfeffer
2 EL Olivenöl

1 Für das **Kokosrisotto** Knoblauch und Schalotten in Öl andünsten. Reis zugeben, leicht salzen, gut dünsten, mit Wein ablöschen und mit Geflügelbrühe aufgießen. Zugedeckt bei 200 °C 20 bis 25 Minuten im Ofen garen; dabei öfters umrühren. Zum Schluss das Risotto mit Kokosmark, fein geriebenem Parmesan und Butter binden und mit Salz und Pfeffer würzen.
2 Für die **Curry-Soßen** das Zitronengras zusammen mit dem Gemüse sowie der Hälfte der Butter anschwitzen. Anschließend die Thai-Currypaste zufügen und den Inhalt des Topfes zu gleichen Teilen auf zwei Töpfe verteilen. Den Rest der Butter zurück in den Kühlschrank legen.
3 Den Inhalt des einen Topfes mit Curry Madras bestäuben, für den anderen Topf den roten Hibiskus-Curry verwenden. Dann beide Töpfe mit jeweils 250 ml Riesling ablöschen und mit den Fonds (jeweils 250 ml) auffüllen. Alles auf ein Drittel der Flüssigkeit reduzieren. Danach durch ein Sieb passieren und mit jeweils 50 g Kokosmark und jeweils 100 ml Sahne aufkochen lassen. Mit Salz und Cayennepfeffer würzen und die restliche (kalte!) Butter in Stücken zugeben. Mit dem Pürierstab schaumig aufmixen.
4 Für die **Spieße** die Garnelen aus dem Panzer brechen, dabei aber das Schwanzstück dran lassen. Kopf und Darm entfernen. Dann jeweils zwei Garnelen sowie eine Jakobsmuschel auf Holzspieße stecken. Anschließend mit Meersalz und Pfeffer würzen und im Olivenöl jeweils 1,5 Minuten braten, dabei wenden.
5 Das Risotto auf den Tellern verteilen, mit den Spießen belegen und ein paar Chilifäden darauf geben. Mit den Soßen umgeben und servieren.

Servieren Sie hierzu einen Grauburgunder aus der Pfalz. Weich und doch üppig und würzig passt er vorzüglich.

Passionsfruchttörtchen

Zutaten

Für das Mandelbiskuit
3 Eigelb
5 Eiweiß
80 g Mandelpuder (fein gemahlene Mandeln ohne Schale)
80 g Staubzucker
60 g Zucker
60 g Mehl

Für den Mürbeteig
150 g Weizenmehl
100 g Butter (Zimmertemperatur)
50 g Puderzucker

Für die weiße Schokoladenmousse
1,5 Blätter Gelatine
150 g weiße Schokolade, geschmolzen
1 ganzes Ei
1 Eigelb
250 ml Sahne, geschlagen

Für den Passionsfruchtsaft (ca. 300 ml)
600-800 g Passionsfrüchte

Für die Passionsfruchtmousse
2 Blätter Gelatine
150 ml Passionsfruchtsaft (s.o.)
20 g Puderzucker
1 cl Wodka
1 Eiweiß
30 g Zucker
125 ml süße Sahne, geschlagen

Für das Passionsfruchtgelee
150 ml Passionsfruchtsaft (s.o.)
2 Blätter Gelatine, in Wasser eingeweicht
1 TL Puderzucker

1 Für das **Mandelbiskuit** die Eigelb mit zwei Eiweiß, Mandelpuder und Staubzucker zu einer homogenen Masse schlagen. Anschließend die restlichen Zutaten leicht steif schlagen und unter die homogene Masse heben und in eine Tortenbodenform von 24 cm Durchmesser geben. Dann bei 190 °C Umluft 8 bis 10 Minuten ausbacken und abkühlen lassen.
2 Für den **Mürbeteig** sämtliche Zutaten rasch zu einem Teig verkneten. Dann im Kühlschrank eine Stunde ruhen lassen. Anschließend 3 mm dick ausrollen und in eine Springform geben. Den Teig mehrmals mit einer Gabel einstechen und im 160 °C heißen Backofen goldgelb backen.
3 Für die weiße **Schokoladenmousse** die Gelatine in kaltem Wasser einweichen. Die Schokolade schmelzen. Dann das Ei mit dem Eigelb über einem Wasserbad aufschlagen und die geschmolzene Schokolade dazugeben. Die Gelatine gut ausdrücken und in die Masse rühren. Kurz abkühlen lassen, danach die cremig geschlagene Sahne unterheben.
4 Das **Schokoladenmousse** auf den Mürbteig in die Springform geben und mit dem dünnen Biskuitboden abdecken. In den Kühlschrank stellen.
5 Zur Gewinnung des **Passionsfruchtsaftes** für Mousse und Gelee die Früchte halbieren und das Fruchtfleisch mit dem Löffel auskratzen. Dann durch ein Sieb passieren, dabei die Kerne nicht verletzen, da der Saft sonst bitter wird.
6 Für die **Passionsfruchtmousse** Gelatine in Wasser einweichen, anschließend ausdrücken und in etwas Passionsfruchtsaft auflösen. Zusammen mit Puderzucker und Wodka unter den Rest des Saftes rühren. Eiweiß mit Zucker aufschlagen. Geschlagene Sahne unter den leicht angedickten Saft ziehen und am Schluss den Eischnee unterheben. Dann auf das Biskuit streichen.
7 Für das **Passionsfruchtgelee** den Passionsfruchtsaft mit der eingeweichten Gelatine verrühren, mit Puderzucker abschmecken und über die abgekühlte Torte gießen.
8 Die Torte aufschneiden und auf einem Teller anrichten. Wer es ganz besonders fruchtig mag, serviert hierzu ein Passionsfruchtsorbet.

Ein französischer Süßwein passt gut zur süßen Säure der Passionsfrucht. Wer mag, kann hierzu natürlich auch einen Espresso servieren.

Passionsfrucht

Mut zur Hässlichkeit – dieses löbliche Motto gilt ganz besonders für die Passionsfrucht. Nicht die pralle, knackige, sondern die schrumpelige, unansehnliche Frucht ist die reife und damit geschmackvolle. An das saftige Fleisch der Passionsfrucht – Köchen und Eisliebhabern auch unter dem Namen Maracuja bekannt – kommen Sie, indem Sie sie in zwei Hälften teilen und auslöffeln. Für Saft oder Püree einfach mixen und, wenn nötig, durch ein Sieb streichen.
Tipp: Versuchen Sie den Fruchtsaft in einer Salatsoße als Essig- oder Zitronenersatz oder mal als fruchtige Soße zu Geflügel!

Warm und einladend

Zwei in einem!

Blumendeko und Kerzenständer zugleich – ein paar üppige Blüten um einen schlichten Kerzenständer gesteckt lassen sich auch immer wieder neu variieren – je nach Thema des Menüs!

Warmes Licht

Kerzenschein lässt dunkle Rot- und Brauntöne warm erstrahlen. Vergessen Sie nicht, einige Schälchen mit kleinen Kerzen auf dem Tisch zu verteilen, damit Ihre Gäste auch sehen, was sie essen.

Würzig

Getrocknete Gewürze mit ihren gedeckten Farben passen wunderbar zu einer Tischdeko in Naturfarben – sie setzen nicht nur schöne Akzente, sie duften auch gut und stimmen die Gäste auf das Dinner ein.

Farbenspiel

Warme Erdtöne vertragen sich gut mit gedeckten Tönen aus einem anderen Farbspektrum, wie hier mit einem kräftigen Aubergine und einem dunklen Gelb. Trauen Sie sich auch an ungewöhnliche Farbkombinationen!

Menü 11

Senfmousse mit Lachstatar
Entenbrust mit Balsamico-Feigensoße
Toffee-Brownies mit Rotwein-Apfel

Für Barbara aus Frankfurt ist Kochen das schönste Hobby der Welt und ein kreativer, entspannender und höchst sinnlicher Prozess. Ihrer Meinung nach macht eine gute Sauce das Essen erst perfekt.

Timing

Die Senfmousse der Vorspeise steht mindestens 4 Stunden kalt, um fest zu werden. Rechnen Sie lieber etwas mehr Zeit ein, denn manchmal sträubt sich eine Mousse und benötigt auch mal 5 Stunden. Wichtig ist vor allem, dass sie fest ist, wenn Sie sie weiterverarbeiten.

Die Entenbrüste des Hauptgerichts marinieren Sie über Nacht. Gesellschaft bekommen sie durch die Rotweinäpfel, die ebenfalls mindestens 8 Stunden, besser jedoch länger ziehen.

Vorsicht: Das Einkochen der Glasur für die Nachspeise dauert ca. 1 Stunde, dann sollte sie nach dem Binden lauwarm (!) abkühlen, bevor sie serviert wird – also immer mal wieder testen, damit sie nicht zu kalt wird. Tipp: Wenn die Glasur fertig ist, wenn Sie die Vorspeise servieren, sollte sie zur Nachspeise ausreichend abgekühlt sein. Wenn nicht, einfach kurz in eine Schale mit Eiswürfeln stellen und immer wieder umrühren, damit der Boden nicht zu sehr auskühlt.

Nicht vergessen

Äpfel rechtzeitig aus dem Sud nehmen. Nicht zerfallen lassen.

Das kann vorbereitet werden

- Kartoffelchips frittieren
- Feigensoße einreduzieren lassen
- Rotweinäpfel einlegen
- Brownie backen
- Entenbrüste marinieren
- Senfmousse zubereiten und kalt stellen

So geht's

Der rohe Lachs für das Tatar sollte unbedingt **Sushi-Qualität** haben. Das heißt, dass der Fisch roh gegessen werden kann. Für Ihren Einkauf bedeutet es, dass Sie sich unbedingt an einen Fischhändler wenden sollten, dem Sie vertrauen. Sagen Sie ihm deutlich, dass Sie den Fisch roh verarbeiten wollen. Achten Sie darauf, dass das Stück frisch herunter geschnitten wird – so gibt es weniger „Angriffsfläche" für Bakterien. Darüber hinaus kann es nicht schaden zu fragen, wann der Fisch geliefert wurde. Tipp: Legen Sie den Fisch bis zum Weiterverarbeiten ins Eisfach. Auch wenn er leicht angefroren ist, können Sie ihn noch gut zu einem Tatar hacken. Und nicht zuletzt: Vertrauen Sie der eigenen Nase! Was fischig riecht, ist zwar immer noch Fisch, aber eben nicht mehr frisch.

Das Lachsfleisch für das **Tatar** mit viel Zartgefühl schneiden und nicht mit grober Hand hacken, sonst wird es schnell matschig. Die einzelnen Stücke sollten noch herauszuschmecken sein.

Zucker karamellisieren Sie, indem Sie den Zucker gleichmäßig über den Topfboden streuen, diesen bei mittlerer (!) Hitze erhitzen und sehr regelmäßig umrühren. Wichtig: Die Hitze darf nicht zu hoch sein. Und: Den Topf nicht aus den Augen verlieren, damit Sie den richtigen Bräunungsgrad nicht verpassen. Vorsicht, nicht erschrecken: Beim Ablöschen kann es sehr laut zischen. Dann fleißig weiterrühren, damit der Zucker nicht allzu sehr klumpt. Keine Bange: Eventuelle Klumpen, und seien sie noch so fest, lösen sich wieder auf!

Übrigens

Kräuterseitling ist ein Pilz, der in seiner Beschaffenheit dem Steinpilz ähnelt. Ein Vorteil: Das Fleisch bleibt beim Garen bissfest. Und er ist, gut gelagert, zwei Wochen haltbar.

Wenn's wirklich perfekt sein soll

Kartoffelstampf
... passt perfekt zur Entenbrust

1 kg Kartoffeln, mehlig kochend
600 g Petersilienwurzeln
Salz
90 g glatte Petersilie
8-9 EL Sahne

Die Kartoffeln und Petersilienwurzeln schälen, in 2 bis 3 cm große Stücke schneiden und 20 bis 25 Minuten in Salzwasser kochen. Inzwischen die Petersilie von den Stielen zupfen und mit der Sahne fein pürieren. Jetzt Kartoffeln und Petersilienwurzeln abgießen und ausdämpfen lassen. Dann zum Püree nach Geschmack einen Stich Butter geben, die Petersilien-Sahne-Mischung zugießen und alles mit dem Kartoffelstampfer grob zerstampfen. Nach Belieben salzen, zudecken und warm stellen.

Kartoffelstampf kann mit allen möglichen Zutaten verfeinert und aufgepeppt werden: Anderen Gemüsen wie Karotten oder Pastinake, Gewürzen wie Senf und vielerlei Kräutern wie Basilikum, Thymian, Estragon oder Salbei. Reichen Sie zur Entenbrust gestampfte Kartoffeln mit Petersilienwurzel und mit frisch gehackter Petersilie gewürzt – das sieht nicht nur hübsch aus, sondern gibt dem Gericht eine frische Note.

Tipp: Am besten in einem Ring anrichten – dann isst auch das Auge mit.

Senfmousse mit Lachstatar

Zutaten

Für die Senfmousse

40 g Schalotten, grob gewürfelt
3 Stiele Estragon, grob geschnitten
150 ml Weißwein
1 TL schwarze Pfefferkörner
3 Blätter weiße Gelatine
4 Eigelb (Eier Größe M)
1 EL körniger Dijon-Senf
200 ml Sahne
Salz
neutrales Öl zum Einfetten der Formen

Für die Kartoffelchips

3 lila Kartoffeln
neutrales Öl zum Frittieren
Salz

Für den Lachstatar

400 g Lachs (Sushi-Qualität)
3 Stiele Dill
4 Stiele Kerbel
1 Bund Schnittlauch
1 Zitrone, unbehandelt
2 EL Olivenöl
Pfeffer aus der Mühle
Meersalz

1 Für die **Senfmousse** Schalotten und Estragon mit Weißwein und Pfefferkörnern in einen Topf geben und bei mittlerer Hitze auf 100 ml einkochen lassen. Die Reduktion durch ein feines Sieb gießen. Die Gelatine in kaltem Wasser einweichen.

2 Anschließend die Reduktion mit dem Eigelb in einer Rührschüssel über einem heißen Wasserbad mit dem Schneebesen cremig-dicklich aufschlagen – das dauert ca. 5 bis 6 Minuten! Dann von der Kochstelle nehmen, die ausgedrückte Gelatine darin auflösen, den Senf dazugeben, unterrühren und nach Geschmack salzen. Kalt stellen, bis die Senfcreme leicht zu gelieren beginnt. Zum Schluss die Sahne sehr steif schlagen und nach und nach vorsichtig mit einem Teigschaber unter die Senfcreme heben.

3 Jetzt eine Platte mit Frischhaltefolie bedecken. 6 Stahl- oder Aluminiumringe (6-8 cm Durchmesser, 3-5 cm hoch) darauf legen und Folie und Ringe mit neutralem Öl dünn einfetten. Danach die Senfmousse gleichmäßig in die Ringe füllen und mindestens 4 Stunden kalt stellen, bis sie fest ist.

4 Für die **Kartoffelchips** die lila Kartoffeln gründlich schrubben und mit Schale in dünne Scheiben hobeln. In einem Sieb unter fließend kaltem Wasser abspülen und abtropfen lassen. Anschließend die Kartoffelscheiben nebeneinander auf ein Küchentuch legen, mit einem zweiten Küchentuch bedecken und gut trocken tupfen. Ausreichend Öl, damit die Kartoffelscheiben darin schwimmen können, stark erhitzen und die Scheiben portionsweise darin in 4 bis 6 Minuten knusprig frittieren. Dann auf Küchenpapier abtropfen lassen und salzen. Nach Geschmack zum Servieren im Backofen bei 150 °C wieder erwärmen.

5 Für das **Tatar** den Lachs in sehr feine, ca. 3 mm Würfel schneiden und in eine Schüssel geben. Dill und Kerbel waschen, fein hacken und dazugeben. Die Hälfte des Schnittlauchs fein schneiden, mit der abgeriebenen Schale der Zitrone und dem Olivenöl zum Lachs geben. Gut mischen und mit Pfeffer würzen.

6 Zum Servieren die Senfmousse mit Hilfe eines scharfen Messers aus den Ringen lösen und auf flachen Tellern mit dem Tatar und den Kartoffelchips anrichten. Mit den restlichen Schnittlauchhalmen garnieren, das Tatar mit ein paar Tropfen Zitronensaft beträufeln und leicht salzen.

Hierzu passt ein charaktervoller Pinot Grigio aus dem Collio.

Entenbrust mit Balsamico-Feigensoße

Zutaten

Für die Entenbrust

4 Entenbrüste à ca. 380 g, mit Haut
15 g Butter
2 EL Öl

Für die Marinade

40 g Zucker
120 ml Wasser
50 ml Balsamicoessig
15 g Honig

Für die Balsamico-Feigensoße

120 g Möhren
1 Stange Staudensellerie
1 EL Öl
1 große Zwiebel, grob gewürfelt
2 Knoblauchzehen, gewürfelt
600 ml Portwein
150 ml Balsamicoessig
3 Stiele Thymian
900 ml Geflügelfond
1,5 TL Speisestärke
4 reife Feigen

Für die Kräuterseitlinge

500 g Kräuterseitlinge
15 g Butter
2 EL Öl
3 TL Zitronensaft
gehackte Petersilie
2 EL Crème fraîche
Salz
Pfeffer

1 Die **Entenbrüste** parieren, eventuell von Federkielen befreien, unter fließendem kaltem Wasser abspülen, gut trockentupfen und die Haut kreuzweise einschneiden.

2 Für die **Marinade** den Zucker hellbraun karamellisieren lassen, mit Balsamico und 120 ml Wasser ablöschen und so lange aufkochen, bis der Zucker gelöst ist. Anschließend den Honig unterrühren und abkühlen lassen. Danach die Entenbrüste mit der Hautseite nach unten in einem flachen Gefäß in die Mischung geben und über Nacht kalt stellen.

3 Für die **Soße** Möhren und Staudensellerie waschen, putzen und in 0,5 cm große Stücke schneiden. Das Öl in einer kleinen Sauteuse erhitzen, das Gemüse mit Zwiebel und Knoblauch kurz andünsten, mit Portwein und Essig aufgießen und die Thymianzweige dazugeben. Bei mittlerer Hitze auf 150 ml einkochen lassen. Anschließend durch ein feines Küchensieb in einen Topf schütten, mit dem Geflügelfond aufgießen und erneut einkochen lassen – es soll ca. 300 bis 350 ml Soße ergeben. Nun die Speisestärke mit kaltem Wasser glatt verrühren und die Soße damit leicht binden. Feigen schälen, in 0,5 cm dicke Spalten schneiden und in die Soße geben. Warm stellen.

4 Für die **Entenbrüste** 15 g Butter und 2 EL Öl in einer Pfanne erhitzen, darin die Entenbrüste mit der Hautseite anbraten. Direkt auf kleine bis mittlere Hitze umschalten und 9 Minuten weiter braten. Danach die Entenbrüste wenden und ca. 5 Minuten von der Unterseite bei gleicher Hitze braten. Zum Schluss die Entenbrüste nochmals wenden, 1 Minute bei stärkerer Hitze auf der Hautseite zu Ende braten. Dann in der Pfanne 2 bis 3 Minuten ruhen lassen.

5 Für die **Kräuterseitlinge** Butter und das Öl in einer Pfanne erhitzen, die geputzten Pilze klein schneiden und bei starker Hitze 2 bis 3 Minuten darin braten. Anschließend die Hitze reduzieren, mit einigen Spritzern Zitronensaft, gehackter Petersilie, Crème fraîche, Salz und Pfeffer würzen.

6 Zum Servieren die Soße mit Feigenspalten auf die Teller geben, die Entenbrust in dünne Scheiben aufschneiden und auf der Soße fächerförmig anrichten. Die Seitlinge dazu anrichten. Hierzu passt ein Petersilienwurzel-Kartoffelstampf.

Servieren Sie einen kräftigen französischen Rotwein aus dem Languedoc-Roussillon.

Toffee-Brownies mit Rotwein-Apfel

Zutaten

Für die Rotweinäpfel
70 g Zucker
500 ml trockener Rotwein
250 ml Holunderbeersaft
300 ml roter Traubendirektsaft
1 Sternanis
2 säuerliche Äpfel
etwas Speisestärke

Für den Brownie
125 g Zartbitterschokolade
80 g Walnusskerne
75 g Mehl, gesiebt
15 g Kakaopulver
1 TL Backpulver
3 Eier, Größe M
150 g Zucker
Salz
120 ml Öl

Für die Glasur
50 g Zucker
400 ml Sahne
1 TL Speisestärke

Ein feiner Likörwein, der aber noch einen gewissen Biss von Weinsäure hat, passt perfekt zu diesem Dessert – wie ein Pineau des Charentes Blanc.

1 Für die **Rotweinäpfel** Zucker in einem Topf hellbraun karamellisieren. Anschließend mit Rotwein, Holunderbeer- und Traubensaft auffüllen, Anis dazugeben und kochen lassen, bis sich der Zucker gelöst hat. Inzwischen die Äpfel schälen, halbieren und das Kerngehäuse mit einem Kugelausstecher entfernen. Äpfel in den Sud geben und 8 bis 10 Minuten bei mittlerer Hitze garen – sie dürfen nicht zerfallen. Danach die Äpfel herausheben, den Sud aufkochen, um ein Drittel einkochen und mit der in wenig kaltem Wasser gelösten Stärke sirupartig binden. Dann die Äpfel wieder dazugeben und mindestens 8 Stunden, besser über Nacht, darin ziehen lassen.

2 Für den **Brownie** den Boden eines Backblechs (20 x 30 cm) oder eine Brownieform (25 x 25 cm) mit Backpapier auslegen. Schokolade grob hacken und im heißen Wasserbad schmelzen. Walnüsse nicht zu fein hacken. Mehl, Kakao und Backpulver mischen. Eier mit Zucker und einer Prise Salz mit dem Mixer auf Höchststufe ca. 10 Minuten cremig-dicklich aufschlagen. Öl und die etwas abgekühlte Schokolade zügig einrühren, dann Mehlmischung und Nüsse sorgfältig unterheben. Im Anschluss die Teigmasse auf dem Blech verteilen und die Oberfläche glatt streichen. Im vorgeheizten Ofen auf der untersten Schiene 20 Minuten bei 180 °C backen (Gas 2-3, Umluft 170 °C). Herausnehmen und abkühlen lassen.

3 Für die **Glasur** den Zucker in einem kleinen, hohen Topf hellbraun karamellisieren. Mit der Sahne auffüllen und unter Rühren auf ca. 200 ml einkochen lassen. Mit der in wenig kaltem Wasser gelösten Stärke dicklich binden. Dann lauwarm abkühlen lassen.

4 Zum Schluss die Apfelhälften in jeweils 6 Spalten schneiden. Brownie aus der Form lösen und in Stücke schneiden. Jeweils mit etwas Toffee-Glasur dünn beträufeln, mit einem Apfelstück garnieren und mit den restlichen Apfelstücken und etwas Rotweinsirup servieren.

Apfel

Viele der uns bekannten Apfelsorten, wie der Golden Delicious, sind nicht aus einer Züchtung, sondern als sogenannter „Zufallssämling" entstanden – der Apfel, ein echter Underdog unter den Früchten. Dafür spricht auch, dass es beim Apfel auf die inneren Werte ankommt, ein hübsches Äußeres kann täuschen. Die glänzend bunten Früchte sind nicht immer die saftigsten und aromareichsten. Unter den unzähligen Apfelsorten findet man für jede Verwendung etwas: Für Mus eignen sich Braeburn, Gloster oder Gravensteiner. Auf einem Kuchen machen sich am besten solche Sorten, die fest bleiben und nicht zu viel Saft abgeben, wie Boskop, Cox oder Jonagold. Übrigens: Reifende Äpfel geben Ethylengas ab, das andere Obstsorten schneller reifen lässt. Deswegen sollten Äpfel auch separat und kühl und dunkel gelagert werden.

Menü 12

Tomaten-Sherry-Macchiato mit Knoblauchkrokant und geröstetem Gemüse

Gekräuterte Rindermedaillons in Madeirajus mit Basilikum-Gnocchi an Austernpilzsalat

Amaretto-Törtchen mit Walnusskrokant auf karamellisiertem Vanillebett

Fabio aus Köln fing schon in frühester Jugend an selbst zu kochen, da ihm viele Gerichte einfach nicht schmeckten. Er hat Spaß im Umgang mit guten Zutaten und verzichtet gern auf wilde Experimente in der Küche.

Timing

Die Suppe – pardon, das Tomaten-Sherry-Macchiato – lässt sich gut vorbereiten. Am besten wärmen Sie es kurz vor dem Servieren noch einmal auf und pürieren erst dann. Der Knoblauchkrokant schmeckt am besten wie alles Frittierte: Heiß und fettig! Das geröstete Gemüse wird kalt serviert – ein Traum für jeden Gastgeber.

Der Hauptgang ist gut zu timen: Die Rindermedaillons müssen zwar einige Stunden marinieren. Das hat aber den großen Vorteil, dass Sie nicht auf die Minute planen müssen. Bereiten Sie in aller Ruhe alles vor und fangen mit dem Braten des Fleisches erst an, wenn Sie sicher wissen: In 12 Minuten will ich servieren.

Für die Zubereitung des Gnocchi-Teigs sollten Sie genug Zeit einplanen (ca. 30 Minuten) – Teig mag es gar nicht, wenn er hastig geknetet wird. Anschließend können die Gnocchi im Kühlen warten, bis Sie sie dann kurz vor dem Servieren kurze 3 Minuten garen.

Wichtig: Erst am Schluss, kurz vor dem Servieren, wird der Austernpilzsalat mit Balsamico beträufelt, die Madeira-Soße mit Butter gebunden und die Gnocchi in Butter geschwenkt.

Die Törtchen für die Nachspeise stellen Sie mindestens 10 Stunden in den Kühlschrank. Sollte die Creme auch dann noch nicht fest geworden sein, stellen Sie sie für ca. 1 Stunde ins Eisfach. Also: rechtzeitig nachsehen!

So geht's

Je nach Tomatensorte kann die Säure der Suppe durch Hinzufügen von Zucker gemildert werden. Haben die **Tomaten** zu wenig Geschmack, mehr Tomatenmark hinzufügen. Vorsicht: Nach Zugabe der Sahne nicht mehr kochen, sonst flockt sie.

Die **Gnocchi** sollen in gebräunter Butter geschwenkt werden, d.h. Sie erhitzen sie so lange in der Pfanne, bis sie leicht braun werden. Das gibt einen kräftigen Geschmack, der an Karamell erinnert. Achtung, nicht zu dunkel werden lassen! Sonst schmeckt die Butter bitter, statt süß. Wer dazu neigt, Butter anbrennen zu lassen, sollte einige Tropfen geschmacksneutrales Speiseöl hinzufügen, dann ist sie hitzeresistenter.

Nicht vergessen

Die Gnocchi nur ein paar Minuten ziehen lassen, sonst fallen sie auseinander!

Das kann vorbereitet werden

- Gemüse marinieren
- Pilze putzen und zuschneiden
- Gnocchi-Teig kneten
- Törtchen zubereiten und kühl stellen
- Suppe aufsetzen
- Rindermedaillons marinieren

Tomaten-Sherry-Macchiato mit Knoblauchkrokant und geröstetem Gemüse

Zutaten

Für das Tomaten-Sherry-Macchiato

500 g aromatische Tomaten
Olivenöl zum Anschwitzen
1-2 Zwiebeln, fein gewürfelt
100 g Sellerieknolle, gewürfelt
2 Lorbeerblätter
etwas Selleriegrün
1 EL Zucker
100 ml Sherry medium dry
1 Dose Tomaten
500 ml Wasser
200 ml Sahne
100 g Crème fraîche
Salz, Pfeffer
2 Knoblauchzehen
1 TL Oregano
gekörnte Brühe
3 EL gutes Olivenöl
2 EL Tomatenmark
½ Bund Basilikum

Für den Knoblauchkrokant

2 Knoblauchzehen, in feine Scheiben geschnitten
200 ml Milch
10 ml Sonnenblumenöl

Für die Basilikumsoße

½ Bund Basilikum
Etwas Olivenöl

Für das geröstete Gemüse

500 g rote Paprika
200 g Zwiebeln
100 ml Olivenöl
Salz, Pfeffer
Basilikum
etwas Balsamicoessig (rot)
Oregano
500 g Champignons, halbiert
5 Pimentkörner
2 Lorbeerblätter
500 g Zucchini, in dünnen Scheiben
Knoblauch
500 g Auberginen, in dünnen Scheiben

1 Für das **Tomaten-Sherry-Macchiato** die Tomaten mit heißem Wasser übergießen und nach 4 Minuten kalt abschrecken. Haut abziehen, fein würfeln und in Olivenöl erhitzen. Zwiebeln glasig (nicht braun!) anschwitzen. Dann die Tomatenstücke hinzugeben und 2 Minuten bei starker Hitze kochen. Sellerie zusammen mit den Lorbeerblättern, einigen Blättchen Selleriegrün, einem guten Löffel Zucker und Sherry hinzufügen. Dann zusätzlich noch eine Dose geschälte Tomaten hinein geben. Mit geschlossenem Deckel ca. 30 Minuten einkochen lassen. Wenn es zu dickflüssig wird, etwas Wasser angießen (ca. ½ Tasse).

2 Anschließend das Ganze mit 500 ml Wasser, der Sahne und der Crème fraîche aufgießen und nach Belieben salzen und pfeffern. 20 Minuten köcheln lassen. Dann die Lorbeerblätter entfernen. Nun 2 abgezogene und gehackte Knoblauchzehen, Oregano, etwas gekörnte Brühe, 3 EL Olivenöl, Tomatenmark und ½ Bund frisches Basilikum hinzufügen und alles pürieren. Mit Salz und Pfeffer abschmecken.

3 Für den **Knoblauchkrokant** 2 Knoblauchzehen gute 2 Minuten in der Milch blanchieren, abtupfen und anschließend in Sonnenblumenöl goldbraun frittieren.

4 Für die **Basilikumsoße** den Rest des Basilikums mit etwas Olivenöl mischen und pürieren.

5 Für das **geröstete Gemüse** die Paprika putzen, entkernen, halbieren, im Ofen 10 Minuten grillen und anschließend häuten. Die Zwiebeln schälen, in Streifen schneiden und die Hälfte davon in wenig Olivenöl anbraten. Nun die Paprika salzen und pfeffern und mit Basilikum, Balsamico, den gerösteten Zwiebeln und Oregano 2 Stunden marinieren. Die restlichen Zwiebeln in Öl anbraten, die Champignons hinzufügen und mit Salz und Pfeffer würzen. Zum Schluss Pimentkörner und Lorbeerblätter hinzufügen und die Pilze mit einem Schuss Balsamico ablöschen. Kurz einreduzieren lassen und 2 Stunden marinieren.

6 Die Zucchini in Olivenöl in einer Grillpfanne goldbraun rösten. Vor dem Servieren mit Knoblauch, Salz, Pfeffer, Basilikum und Oregano würzen. Die Auberginen mit ganz wenig Öl ebenfalls in einer Grillpfanne rösten. Alles abkühlen lassen.

7 Das Gemüse auf einer großen Platte servieren. Die Tomatensuppe in Gläser füllen, mit Krokant und jeweils 1 TL Basilikumsoße garnieren.

Reichen Sie hierzu einen Grillo Sicilia mit einem frischen Aroma von Aprikosen und tropischen Früchten.

Gekräuterte Rindermedaillons in Madeirajus mit Basilikum-Gnocchi an Austernpilzsalat

Zutaten

Für die Rindermedaillons

1 Rinderfilet am Stück (1,5 kg)
frische Kräuter (Rosmarin, Thymian und Oregano)
2 Knoblauchzehen, zerdrückt
100 ml Olivenöl

Für die Basilikum-Gnocchi

500 g Kartoffeln, mehlig kochend (Bintje)
1 Ei
Salz
300 g Hartweizenmehl
½ Bund Basilikum
50 ml Olivenöl
Mehl für die Arbeitsplatte
etwas Butter

Für den Austernpilzsalat

500 g Austernpilze
2 EL Olivenöl
1 Bund Frühlingszwiebeln, klein geschnitten
1 Bund Schnittlauch, klein geschnitten
Salz
Pfeffer
2 EL Balsamicoessig (rot)

Für die Soße

100 ml Madeira
200 ml Rinderfond
80 g kalte Butter
Salz (z.B. Steinsalz)
geschroteter, schwarzer Pfeffer

Hierzu passt ein warmer, voller Syrah mit einer leichten Pfeffernote.

1 Das **Rinderfilet** parieren. 5 schöne Medaillons aus der Mitte des Filets schneiden und mit Küchengarn in Form bringen. Die Kräuter hacken und zusammen mit dem Knoblauch mit Olivenöl mischen und das Filet einige Stunden darin marinieren. Kein Salz hinzufügen!

2 Für die **Basilikumgnocchi** die Kartoffeln mit Schale kochen, pellen und noch warm zerstampfen. Das Ei hinzufügen und mit etwas Salz und dem Hartweizenmehl zu einem Teig vermengen. Nun das Basilikum mit dem Öl in einen Becher geben und pürieren. Anschließend mit dem Kartoffelteig vermengen. Jetzt die Arbeitsplatte gut bemehlen und den Teig zu ca. 1 cm dicken Würsten formen. Die Würste in kleine Stücke zerteilen, diese in der Hand zu Kugeln formen und mit einer Gabel eindrücken.

3 Für den **Austernpilzsalat** die Pilze putzen, den festen Stiel entfernen und in Streifen schneiden. Dann die Pilze in Olivenöl kurz andünsten und erkalten lassen. Anschließend mit den Frühlingszwiebeln und dem Schnittlauch vermengen, salzen und pfeffern. Vor dem Servieren den Balsamico darüber träufeln.

4 Die Medaillons in einer Grillpfanne ca. 2 Minuten auf jeder Seite anbraten und danach im vorgeheizten Backofen bei 100 °C 10 Minuten garen.

5 **Für die Soße** den Bratensatz in der Pfanne mit dem Madeira ablöschen, den Rinderfond hinzufügen und kurz einreduzieren lassen. Vor dem Servieren die kalte Butter unterrühren und mit Salz und Pfeffer abschmecken.

6 Die Gnocchi in siedendem Wasser ca. 3 Minuten garen lassen, bis sie an der Oberfläche schwimmen. Dann herausnehmen und in gebräunter Butter schwenken.

7 Das Rinderfilet aufschneiden und auf einem Soßenspiegel anrichten. Die Gnocchi und den Salat dazu anrichten.

Amaretto-Törtchen mit Walnusskrokant auf karamellisiertem Vanillebett

Zutaten

Für die Biskuitringe
3 Eier
25 ml Wasser
130 g Zucker
130 g Mehl
3 g Backpulver
15 g Kakaopulver
5 Schaumringe (Törtchenringe)
100 g Bitterschokolade
100 g Amarettini-Kekse
20 g Butter

Für die Creme
2 Eier
100 g Puderzucker
4 cl Amaretto
300 g Mascarpone

Für das Vanillebett
1 Vanilleschote
200 ml Sahne
80 g Zucker
4 cl Eierlikör

Für das Karamell
100 g Zucker
100 ml Wasser

Für die Deko
Walnusskrokant
Sahne

Probieren Sie einen Moscato d'Asti mit leichter Kohlensäure und frisch-saftiger Fruchtsüße.

1 Für die **Biskuitringe** Eier, Wasser, Zucker, Mehl und Backpulver schaumig rühren. Anschließend den Teig halbieren und unter die eine Hälfte den Kakao mischen. Nun ein Backblech mit Backpapier auslegen. Mit zwei Spritzbeuteln den dunklen und den hellen Teig abwechselnd in Streifen auf das Blech spritzen und bei 200 °C ca. 10 Minuten backen. Das Ganze soll eine gestreifte Masse werden. Nach dem Erkalten die Biskuite quer zu den Streifen (die Streifen sollen später in „Wellen" um das Törtchen liegen) in der Höhe der Schaumringe ausschneiden. Anschließend für den Durchmesser der einzelnen Ringe zurechtschneiden und in die Schaumringe einlegen.

2 Jetzt die Schokolade schmelzen und mit einem Pinsel die Innenseite der Biskuite bestreichen. Dann auf einem Stück Backpapier erkalten lassen. In der Zwischenzeit die Amarettini zerbröseln und mit der Butter vermischen. Wenn die Schokolade vollständig erkaltet ist, die Keksbrösel ca. 1 cm dick in den Biskuitring geben und andrücken.

3 Für die **Creme** die Eier trennen und das Eigelb mit dem Puderzucker und dem Amaretto schaumig rühren. Im Anschluss Mascarpone unterheben. Das Eiweiß steif schlagen und unter die Creme heben. Diese danach mit einem Spritzbeutel in den Biskuitring spritzen.

4 Für das **Vanillebett** die Vanilleschote halbieren. Dann mit den restlichen Zutaten in einen Topf geben und gut durchkochen. Die Flüssigkeit durch ein Sieb streichen und erkalten lassen.

5 Für das **Karamell** Zucker und Wasser in einen Topf geben und unter ständigem Rühren so lange erhitzen, bis der Zucker goldbraun wird. Das Karamell soll flüssig bleiben, daher eventuell noch Wasser hinzufügen. Erkalten lassen.

6 Vor dem Servieren den Biskuitteig mit geschlagener Sahne verzieren und mit dem Walnusskrokant bestreuen und das Karamell mit einem Löffel in Fäden auf den Teller verteilen, die Vanillesoße quer dazu, so dass ein Gitterbett aus Karamell- und Vanillesoße entsteht. Darauf dann das Törtchen setzen.

Menü 13

Feldsalat mit Kartoffel-Meerrettich-Dressing und gebratenem Zander

Ribeye vom Wagyu-Kobe-Rind an Anchovisoße, grünen Bohnen und Kartoffelgratin

Schwäbischer Eisguglhupf mit Vanilleschaum und Mango-Chili-Ragout

Josef aus Augsburg kocht gern, weil es ihm Spaß macht. Sein Lieblingsessen als Kind war der hausgemachte Wurstsalat aus dem elterlichen Metzgereibetrieb. Für sein Siegermenü hatte er sich vorgenommen, dass es schmeckt wie im Sternelokal!

Timing

Am Hauptgericht wird hier nicht gespart; denn das Rind aus dem japanischen Kobe ist köstlich, aber kostspielig. Praktisch ist jedoch, dass alle Beilagen zum Luxusrind vorbereitet werden. So können Sie Ihre ganze Aufmerksamkeit dem Kobe-Rind widmen. Es wäre doch zu schade, wenn das wunderbare Fleisch aus Unachtsamkeit zu lange in der Pfanne bliebe!

Achtung: Der Guglhupf für die Nachspeise muss 24 Stunden einfrieren, bevor er gestürzt werden kann. Also rechtzeitig mit der Zubereitung beginnen. Das Mango-Ragout können sie schon am Nachmittag zubereiten und abkühlen lassen. Der Vanilleschaum muss frisch aufgeschlagen werden und wirklich schaumig (und warm) auf die Teller kommen.

So geht's

Das wunderbar zarte und fein und dicht marmorierte Fleisch vom **Kobe-Rind** ist nicht umsonst eines der besten und teuersten der Welt, denn das japanische Rindsvieh führt ein Luxusleben, das einen durchschnittlichen bundesdeutschen Arbeitnehmer vor Neid erblassen lassen könnte. Nicht nur die Ernährung ist erstklassig, sondern auch die Rundumbetreuung mit klassischer Musik und täglicher Massage. In Deutschland bekommt man Kobe-Rind nicht beim Metzger um die Ecke, sondern nur im ausgesuchten Feinkosthandel oder über Versandhändler (eine Recherche im Internet lohnt sich). Das Ribeye ist ein Stück, das dem Entrecôte sehr ähnelt und das mit seinem Fettauge sehr saftig ist.

Wichtig: Beim Braten des Kobe-Rindes ist Vorsicht geboten, sonst liegt plötzlich eine sehr teure Schuhsohle in Ihrer Pfanne (bis zu 500 Đ das Kilo): Nicht zu heiß und nicht zu lange, das ist die Devise.

Übrigens

In Deutschland erhältliches Kobe-Rind ist nicht das originale japanische Wagyu-Rind aus der Region Kobe, denn das wird nicht exportiert. Ähnlich wie beim Champagner ist die Bezeichnung streng reglementiert. Aber auch in Europa oder in den USA wird das Wagyu-Rind mittlerweile erfolgreich gezüchtet.

Das kann vorbereitet werden

- Kartoffeldressing anrühren
- Salat waschen und zupfen
- Bohnen putzen
- Mango-Ragout zubereiten
- Gugelhupf einen Tag vorher zubereiten und einfrieren

Nicht vergessen!

Für die Nachspeise unbedingt zum milden Chili greifen!

Feldsalat mit Kartoffel-Meerrettich-Dressing und gebratenem Zander

Zutaten

Für den Feldsalat mit Kartoffel-Meerrettich-Dressing

Feldsalat für 5 Personen
250 g gekochte und geschälte Kartoffeln
450 ml Geflügelbrühe
50 ml weißer Balsamico-essig
2 cl Sherry
20 g Crème fraîche
60 ml Olivenöl
1 TL Senf
frischer Meerrettich, gerieben (nach Geschmack)
Salz
1 Prise Zucker

Für den Zander

Zander für 5 Personen
Meersalz
Pfeffer
Olivenöl

1 Den **Salat** zupfen und waschen.

2 Für das **Dressing** die Kartoffeln durch eine Kartoffelpresse drücken und mit allen anderen Zutaten pürieren. Danach abschmecken.

3 Den **Zander** filetieren und in Rautenform einschneiden. Anschließend mit Meersalz und Pfeffer würzen und in Olivenöl von beiden Seiten kross anbraten. Zum Schluss bei 160 °C für 10 Minuten im Backofen bei Ober- und Unterhitze garen.

4 Den Feldsalat mit dem Dressing vermischen und auf einem Teller zusammen mit den Zanderstücken anrichten. Mit etwas Dressing beträufeln und zum Schluss noch etwas frischen Meerrettich darüber raspeln.

Probieren Sie hierzu einen eleganten Sancerre mit einem leichten Grapefruitduft.

Josef wollte kochen wie ein Sternekoch – aber wollen wir das nicht alle? Es müssten ja nicht mal viele Sterne sein. Zwei oder drei würden genügen. Na gut – drei Sterne sind im Guide Michelin schon das höchste der Gefühle. Mehr geht nicht. Weniger als ein Dutzend deutsche Restaurants haben drei Sterne!

Ribeye vom Wagyu-Kobe-Rind an Anchovisoße, grünen Bohnen und Kartoffelgratin

Zutaten

Für das Kobe-Rindfleisch

1 kg Ribeye vom Kobe-Rind
Fleur de Sel
40 ml Pflanzenöl
50 g Butter
1 Knoblauchzehe
1 Thymianzweig
1 Rosmarinzweig

Für die Anchovisoße

100 g dicke grüne Bohnen
Fleur de Sel
120 ml Olivenöl
1 Bund Basilikum
1 Knoblauchzehe, gehackt
1 TL geschroteter, roter Pfeffer
2 Sardellenfilets

Für das Kartoffelgratin

1 kg Kartoffeln
400 ml Sahne
Salz
Pfeffer
Muskat

Für die Bohnen

500 g grüne Bohnen
50 ml Butter
Salz
Pfeffer
Balsamicoessig

1 Das **Kobe-Rindfleisch** mit Fleur de Sel salzen und auf beiden Seiten in Pflanzenöl kurz und scharf anbraten. Butter, abgezogene und grob gehackte Knoblauchzehe, Thymianzweig und Rosmarin hinzufügen und regelmäßig mit dem Bratensaft begießen. Nach dem Anbraten auf ein Gitter legen, mit Alufolie bedecken und bei 150 Grad 5 Minuten ruhen lassen und dann den Ofen abschalten und noch einmal 5 Minuten bei leicht geöffneter Backofentür ruhen lassen.
2 Für die **Soße** die Bohnen blanchieren und die Bohnenkerne aus der Schale drücken. Mit einer Prise Salz zerdrücken. Olivenöl, Basilikumblätter und Knoblauchzehe zufügen und alles zu einer glatten Masse verarbeiten. Zum Schluss den roten Pfeffer und die fein gewürfelten Sardellenfilets unterheben. Die Soße sollte schön fließend sein.
3 Für das **Kartoffelgratin** die Kartoffeln schälen, mit dem Gemüsehobel in Scheiben hobeln und mit Sahne ca. 15 bis 20 Minuten köcheln lassen, vorher mit Salz, Pfeffer und Muskat würzen. In einer Schale dann ca. 20 Minuten bei 160 °C in den Backofen schieben. Anschließend kalt werden lassen und ausstechen. Vor dem Servieren noch mal kurz erwärmen.
4 Die grünen **Bohnen** putzen, in Wasser knackig kochen und danach in einer Pfanne in Butter schwenken. Mit Salz, Pfeffer und etwas Balsamico abschmecken.
5 Das Fleisch in ca. 1 cm dicke Scheiben schneiden und mit den Beilagen auf Tellern anrichten und mit der Soße übergießen.

Josef servierte hierzu einen Mouton Rothschild 1996. Aber ein kräftig-aromatischer Croze-Hermitage passt ebenfalls hervorragend.

Schwäbischer Eisguglhupf mit Vanilleschaum und Mango-Chili-Ragout

Zutaten

Für den Eisguglhupf

3 Eier
3 cl Orangenlikör
120 g Zucker
150 g dunkle Kuvertüre
600 ml Sahne
5 Guglhupfförmchen
geröstete Mandeln

Für das Mango-Chili-Ragout

120 g Zucker
Saft von 3 Orangen
1 Schuss Orangenlikör
1,5 entkernte, fein gehackte, milde, rote Chilischoten
2 Thai-Mangos, geschält und gewürfelt
1 Mango, geschält und gewürfelt
1 Banane, geschält und gewürfelt

Für den Vanilleschaum

150 ml Milch
1 Vanilleschote, halbiert
3 Eigelb
60 g Zucker

1 Für den **Eisguglhupf** die Eier mit dem Orangenlikör und dem Zucker in einer Schüssel über dem Wasserbad schaumig schlagen. Die Kuvertüre auflösen. Die schaumig geschlagene Eiermasse im Eiswasser kalt schlagen und auf zwei Schüsseln verteilen. In die eine Schüssel die aufgelöste Kuvertüre geben und verrühren. Die Sahne schlagen und je 300 ml unter die zwei Massen heben. Die nun fast fertigen Massen in 5 Guglhupfförmchen jeweils in der Reihenfolge hell, dunkel, hell füllen und mit einem Schaschlikstäbchen verrühren. Dann glatt streichen und ca. 24 Stunden lang einfrieren.

2 Für das **Mango-Chili-Ragout** den Zucker karamellisieren, bis er etwas schäumt. Mit Orangensaft und -likör ablöschen und bei milder Hitze leicht köcheln lassen, bis der Zucker wieder gelöst ist. Nun Chili hinzufügen und einmal aufwallen lassen. Mango- und Bananenwürfel zufügen. Anschließend das Ganze vom Herd nehmen und zugedeckt bei Raumtemperatur abkühlen lassen.

3 Für den **Vanilleschaum** Milch mit Vanilleschote aufkochen und ziehen lassen. Eigelbe und Zucker mindestens 5 Minuten schaumig rühren. Dann die nicht mehr ganz heiße Milch durch ein feines Sieb zu der Eigelbmasse gießen. Über dem Wasserbad aufschlagen, bis die Masse einzudicken beginnt. Aufpassen, dass sie nicht zu heiß wird.

4 Kurz vor dem Servieren warmes Wasser über die Guglhupf-Formen laufen lassen und stürzen. Zum Schluss nach Wunsch mit gerösteten Mandeln bestreuen. Eisguglhupf und das Mango-Chili-Ragout auf Tellern anrichten und den Vanilleschaum auf den Tellern verteilen.

Zum fruchtig-scharfen Ragout empfiehlt sich eine Riesling Spätlese.

Menü 14

Mousseline von der Erbse, Möhrensüppchen und Garnelen an Spinatsalat

Rinderbraten in Barolojus an Artischockenpüree und feinem Gemüse

Zitronen-Crêpe auf Beerenspiegel

Ingrid aus Düsseldorf ist Designerin und entwirft mit großer Freude schöne Dinge. Beim Kochen geht sie mit der gleichen Leidenschaft vor und zaubert gern besondere und ausgefallene Speisen, bei denen die Optik eine große Rolle spielt.

Timing

Da die Vorspeise aus drei Komponenten besteht, ist die Zubereitung recht zeitaufwändig. Starten Sie deshalb schon am Morgen mit der Arbeit, zumal die Erbsenmousseline anschließend mindestens 4 Stunden kalt stehen muss – lieber länger. Auch die Möhrensuppe kann schon nachmittags gekocht und erst kurz vor dem Servieren püriert und aufgeschäumt werden.

Die beiden Pürees (Artischocke und Kartoffel) können schon vorab zubereitet und in die Auflaufform geschichtet werden. Rechnen Sie aber mit 40 Minuten zum Überbacken. Wenn also die Pause zwischen Vor- und Hauptspeise nicht allzu lang werden soll, überbackt die Beilage schon im Ofen, wenn die Gäste noch ihren Aperitif leeren. Das Fleisch schmort zwei Stunden und wird dann warm gestellt. Ein Schmorbraten ist nicht sehr heikel und verzeiht ein paar Minütchen mehr Wartezeit. Zu lange sollte er allerdings nicht ruhen – kalter Schmorbraten schmeckt den Wenigsten.

Die Crêpes ruhen 5 bis 6 Stunden im Kühlschrank. Da bereits die Zubereitung der Creme Zeit in Anspruch nimmt – ganz zu schweigen von dem Backen hauchdünner Crêpes – sollten Sie mit dem Dessert bereits am späten Morgen beginnen.

Das kann vorbereitet werden

- Spinat waschen und trocknen
- Artischocken und Kartoffeln garen und pürieren
- Beerenspiegel pürieren und passieren
- Crêpes backen und rollen
- Erbsenmousseline kaltstellen
- Möhrensuppe vorbereiten
- Gemüse für Rinderbraten putzen und würfeln

So geht's

Für die **frittierte Petersilie** den Bund waschen und gut trocknen, bevor Sie ihn in heißes Fett geben. Achtung: Trotzdem wird es den ein oder anderen kräftigen Spritzer geben! Wenn Sie also eine Friteuse haben, sollten Sie die jetzt einsetzen. Nach dem Frittieren auf einem Küchentuch abtropfen lassen, aber heiß servieren! Sobald sich die Fettschicht bildet, schmeckt das Ganze schnell ranzig.

Braune Butter, wie sie im Crêpe-Teig verwendet wird, gibt der Nachspeise ein wunderbar feines nussiges Aroma. Dafür lassen Sie die Butter in einem kleinen Topf bei mittlerer Hitze schmelzen und erhitzen sie so lange, bis die weißen Punkte im Schaum sich goldbraun färben. Achtung: Nur langsam erhitzen, damit der Bodensatz nicht anbrennt. Dann durch ein Feinsieb abgießen. Braune Butter hält sich gut, wenn Sie sie in ein verschließbares Glas füllen und im Kühlschrank aufbewahren.

Übrigens

Für einen **Spinatsalat** wird vor allem der zarte Frühlings- und Sommerspinat genommen, der von März bis Mai geerntet wird. Der Herbst- und Winterspinat ist kräftiger und hat längere Stiele und wird vor allem zum Garen verwendet. Frischer Spinat hält sich nicht lange. Sie sollten ihn daher einen Tag vor Ihrem Dinner einkaufen und dann kühl und dunkel lagern. Und falls Sie doch Lust auf Spinatsalat im Winter bekommen: Die harten Stängel großzügig wegschneiden und die Blätter klein zupfen!

Wenn's wirklich perfekt sein soll

So bekommen Sie die **Crêpes** schön dünn: In eine beschichtete Pfanne (gut heiß werden lassen) ein wenig Butter geben. Vorsicht, nicht zu viel, denn die Butter bräunt mit. Dann mit einer Schöpfkelle nur auf eine Seite Teig geben, ganz kurz anbacken lassen und dann die Pfanne aus dem Handgelenk kippen und drehen, so dass der Teig langsam (nur Geduld!) in eineem Halbkreis vom Rand her über den gesamten Pfannenboden läuft. Dann wieder auf die Herdplatte stellen. Den Crêpe erst dann wenden, wenn die eine Seite leicht angebräunt ist, sonst reißt der Teig leicht.

Nicht vergessen!

Milch und Eier für den Crêpe-Teig 1 Stunde vorher aus dem Kühlschrank nehmen. So wird er leichter glatt gerührt und quillt besser.

Friede, Freude, Crêpes. Denn Crêpes sind Eierkuchen. Und für Freude sorgen Eierkuchen immer, und auch der Friede zieht unweigerlich ein, wenn genug von den Dingern zur Hand sind, denn sie machen den Menschen so wunderbar satt und müde und zufrieden.

Mousseline von der Erbse, Möhrensüppchen und Garnelen an Spinatsalat

Zutaten

Für die Mousseline von der Erbse

300 g frische Erbsen
150 ml Vollmilchjoghurt
Salz
frisch gemahlener Pfeffer
1 Prise Zucker
Zitronenthymian (ca. 1 EL), fein gehackt
3 Blätter weiße Gelatine
1 Zitrone
100 ml Sahne
120 g Zuckerschoten
5 Förmchen

Für das Möhrensüppchen

500 g Möhren
1 Stange Staudensellerie
1 EL Pflanzenöl
50 g Butter
1 Zwiebel, gehackt
1 Knoblauchzehe, fein gehackt
1 kleines Stück Ingwer, fein gehackt
750 ml Gemüsebrühe
Salz
1 EL Honig
2 EL Crème fraîche
Pfeffer
1 Zitrone
etwas Zucker
frittierte Petersilie

Für den Spinatsalat

200 g frischer Spinatsalat
2 EL Traubenkernöl
Zitronensaft nach Geschmack
1 Prise Zucker
4 Stängel Minze und Zitronenthymian, gehackt
Salz
Pfeffer
5 Riesengarnelen
Olivenöl

1 Für die **Mousseline von der Erbse** die Erbsen aus den Hülsen pellen und in kochendem Salzwasser ca. 7 Minuten kochen. Danach abgießen, kalt abspülen und mit dem Joghurt pürieren. Das Erbsenmus durch ein Haarsieb streichen und mit Salz, Pfeffer, Zucker und dem Zitronenthymian kräftig würzen.

2 Die Gelatine in kaltem Wasser einweichen. Die Zitrone auspressen und 4 EL vom Saft erhitzen. Darin die ausgedrückte Gelatine auflösen. Anschließend die Gelatinemasse unter die Erbsen-Joghurt-Mischung rühren und kaltstellen, bis die Masse zu gelieren beginnt. Nun die Sahne steif schlagen und vorsichtig unter die Erbsenmischung heben.

3 Die Enden der Zuckerschoten mit den Fäden abziehen. Dann 1 Minute in Salzwasser blanchieren, kalt abspülen, 12 bis 14 Zuckerschoten längs halbieren und beiseite legen. Den Rest in feine Würfel schneiden und ebenfalls unter die Masse heben.

4 Die Förmchen kalt ausspülen und die Schotenhälften mit der Innenseite nach außen an die Förmchenwand legen. Dann die Erbsenmasse vorsichtig einfüllen, mit Folie abdecken und mindestens 4 Stunden kaltstellen.

5 Für das **Möhrensüppchen** Möhren und Sellerie putzen und in feine Scheiben schneiden. Nun das Öl und ein wenig Butter erhitzen. Zunächst Zwiebeln und Knoblauch darin anschwitzen, dann Ingwer, Möhren und Staudensellerie dazugeben, sowie ein weiteres Stückchen Butter. Anschließend mit der Gemüsebrühe ablöschen, etwas Salz zufügen und bei geschlossenem Deckel ca. 15 Minuten köcheln lassen. Dann das gekochte Gemüse mit dem Honig, der Crème fraîche, einem Stich Butter und etwas geriebener Zitronenschale pürieren und mit Salz, Pfeffer, Zitronensaft und Zucker abschmecken.

6 Für den **Spinatsalat** den Spinat waschen und trockenschleudern. Für das Dressing das Traubenkernöl mit Zitronensaft, Zucker, Zitronenthymian und Minze verrühren und mit Salz und Pfeffer abschmecken. Den Spinatsalat anrichten und mit dem Dressing beträufeln. Die Garnelen in Olivenöl anbraten und mit Salz, Pfeffer und Zitronensaft würzen.

7 Zum Anrichten die Erbsenmousseline mit einem spitzen Messer vom Förmchenrand lösen und stürzen. Mit klein geschnittenen Zuckerschoten dekorieren. Das Möhrensüppchen noch einmal mit dem Mixstab aufschäumen, in Schälchen geben und mit der frittierten Petersilie dekorieren. Den Salat in einem separaten Schälchen dazu reichen.

Ein leichter Bianco di Custoza begleitet die verschiedenen Aromen dieser Vorspeise.

Rinderbraten in Barolojus an Artischockenpüree und feinem Gemüse

Zutaten

Für den Rinderbraten
1,2 kg magere Rinderhüfte
Salz
Pfeffer
2 EL Olivenöl
5 große Möhren, gewürfelt
1 Sellerieknolle, gewürfelt
10 Schalotten, in Scheiben geschnitten
3 Knoblauchzehen, gehackt
1 EL Tomatenmark
3 EL Mehl
1 Flasche Barolo
1 l Kalbsfond
1 Bund Thymian
1 TL Honig

Für das Artischockenpüree
2 Gläser Artischocken in Öl eingelegt
1 Zwiebel, fein gewürfelt
1 Knoblauchzehe, fein gehackt
Butter
Olivenöl
Salz
Pfeffer
Kräuter der Provence nach Geschmack
Sahne nach Bedarf
10 große Kartoffeln
250 ml Sahne-Milch-Mischung
ein guter Stich Butter
Muskat
Butter für die Form
4 EL Semmelbrösel
1 El gehackte Mandeln

Für das Gemüse
20 Mini-Möhren
1 Packung Thai-Spargel
ein Stich Butter
Salz
Pfeffer
glatte Petersilie
Schnittlauch

1 Für den **Rinderbraten** das Fleisch kalt abspülen und trockentupfen. Anschließend mit Salz und Pfeffer würzen. Nun Öl in einem Bräter erhitzen und das Fleisch von allen Seiten scharf anbraten. Danach aus dem Bräter nehmen.

2 Jetzt das vorbereitete Gemüse, Schalotten und Knoblauch mit Tomatenmark hineingeben und alles anschmoren. Dann das Mehl darüber streuen. Anschließend Rotwein und Kalbsfond dazugießen und alles gut verrühren. Den Thymian kalt abspülen und trockenschütteln. Dann mit dem Braten wieder zurück in den Bräter legen. Nun den Braten unter mehrmaligem Wenden bei mittlerer Hitze zugedeckt etwa 2 Stunden schmoren lassen. Danach das Fleisch herausnehmen und abgedeckt im vorgeheizten Ofen bei 100 °C warmstellen. Die Soße passieren und mit Salz, Pfeffer und Honig würzen.

3 Für das **Artischockenpüree** die Artischocken abgießen, in feine Scheiben schneiden und mit der Zwiebel und Knoblauchzehe in Olivenöl mit etwas Butter anschwitzen und mit Salz und Pfeffer würzen. Nun die Kräuter der Provence zugeben und mit Sahne ablöschen. Anschließend pürieren.

4 Die Kartoffeln schälen und in Salzwasser garen. Danach abgießen, stampfen und mit der Sahne-Milch-Mischung, Butter und Muskat abschmecken. Eine Auflaufform ausbuttern und dann in Schichten das Kartoffel- und das Artischockenpüree einfüllen. Die Semmelbrösel in Olivenöl bräunen, die gehackten Mandeln dazugeben und das Ganze mit Salz und Pfeffer abschmecken. Dann über die Auflaufform streuen. Anschließend das Ganze 35 bis 40 Minuten bei 200 °C Umluft überbacken. Zum Servieren mit Förmchen ausstechen.

5 Für die **Gemüsebeilage** die Mini-Möhren und den Spargel in Salzwasser kurz blanchieren. Kurz vor dem Anrichten beides in Butter schwenken und mit Salz und Pfeffer würzen. Mit gehackter Petersilie und Schnittlauch bestreuen.

6 Das Fleisch aufschneiden und auf der Soße platzieren. Dazu das ausgestochene Püree und das Gemüse anrichten.

Zum Rinderbraten sollten Sie den gleichen Wein servieren, in dessen Genuss auch schon das Fleisch gekommen ist – einen kräftigen Barolo mit leichtem Holzgeschmack.

Zitronen-Crêpe auf Beerenspiegel

Zutaten

Für die Zitronencreme

3 Blätter weiße Gelatine
Saft und Schale von 1 Zitrone
50 ml Weißwein
3 Eigelb
85 g Zucker
1 Päckchen Vanillezucker
200 ml Sahne
300 g Erdbeeren, klein geschnitten

Für den Crêpe-Teig

300 ml Milch
3 Eigelb
100 g Mehl
1 Päckchen Vanillezucker
75 g braune Butter
etwas Butter

Für den Beerenspiegel

300 g Erdbeeren
Puderzucker
einige Tropfen Orangenlikör
5 Rispen Johannisbeeren
Brombeeren, Blaubeeren oder Himbeeren nach Belieben
gehackte Pistazien
100 ml Sahne

Ein eleganter Süßwein wie ein Moscato d'Asti passt hervorragend zu dem zitronigen Aroma des Desserts.

1 Für die **Zitronencreme** die Gelatine in kaltem Wasser einweichen. Zitronensaft mit Weißwein, Eigelb, Zitronenschale, Zucker und Vanillezucker unter ständigem Rühren aufkochen lassen und durch ein feines Sieb passieren. Anschließend die Gelatine ausdrücken, in der Masse auflösen und alles in eine Rührschüssel geben. Diese dann in eine mit Eis gefüllte Schüssel stellen und die Creme unter häufigem Rühren mit dem Schneebesen erkalten lassen. Sobald die Masse zu gelieren beginnt, mit dem Schneebesen nochmals alles gut verrühren und die gesamte geschlagene Sahne unterheben. Ganz zum Schluss die Erdbeeren unterheben.

2 Für den **Crêpeteig** Milch und Eier mindestens 1 Stunde vor der Zubereitung aus den Kühlschrank nehmen! Das Mehl in eine Schüssel sieben, mit der Milch und dem Eigelben glatt rühren und durch ein feines Sieb passieren. Vanillezucker und die braune Butter unterrühren und den Teig 30 Minuten zu-gedeckt ruhen lassen. Danach in wenig Butter 5 hauchdünne Crêpes backen – sie dürfen leicht Farbe annehmen.

3 Anschließend von der Zitronen-Erdbeercreme einen dicken Streifen (etwa 3 cm Durchmesser) auf die Crêpes geben. Diese überschlagen und einrollen. Dann in Klarsichtfolie wickeln und für 5 bis 6 Stunden in den Kühlschrank stellen.

4 Für den **Beerenspiegel** gut ein Drittel der Erdbeeren üppig mit Puderzucker bestäuben und leicht Saft ziehen lassen. Danach pürieren, durch ein Sieb passieren und mit Orangenlikör parfümieren. Die restlichen Erdbeeren mit Grün, die Brombeeren und Johannisbeeren kurz vor dem Anrichten mit Puderzucker bestäuben. Pistazien fettlos rösten.

5 Die gefüllten Crêpes aus der Folie wickeln, jeweils zweimal schräg durchschneiden und anrichten. Die gezuckerten Beeren im Erdbeerpüree vorsichtig wenden, um die Crêpes verteilen und mit dem übrigen Püree überziehen. Die Sahne schlagen und mit den gerösteten Pistazien mischen.

Erdbeere

Die Erdbeere ist der Inbegriff des Sommers – auch wenn sie heutzutage dank Importeuren aus dem Süden bereits im Frühling auf unseren Märkten zu haben ist. Dem Geschmack ist das nicht unbedingt zuträglich. Bei dieser Verwandten der Rose lohnt es sich unbedingt, auf die heimischen, langsam gereiften Sorten zu warten. Die haben dann zwar nicht die Größe von Golfbällen, dafür aber das typische süß-saure Erdbeeraroma. Kaufen Sie Erdbeeren immer nur ganz reif, denn sie reifen nicht mehr nach. Lassen Sie den grünen Stiel beim Waschen unbedingt dran, sonst wird das knackige Fruchtfleisch wässrig und schlaff. Und: Einige Zeit vor dem Servieren die Früchte aus dem Kühlschrank holen, denn Kälte bekommt dem Aroma nicht.

Menü 15

Kirschtomaten mit Chilizucker und Parmesanchips

California-Tunasteak mit Lauchzwiebeln und rotem Pfeffer

Joghurt-Granita mit schwarzen Johannisbeeren

Thomas aus Lübeck hat das Kochen von seiner Mutter gelernt, die Gerichte genial zubereiten konnte. In der Küche genießt er echte Erfolgserlebnisse, indem er öfter Neues ausprobiert. Kochen ist für ihn eine höchst kreative Angelegenheit.

Timing

Die Tomaten mit Chilizucker werden frisch aus dem Ofen serviert. Auch den Mozzarella sollten Sie erst kurz vor dem Servieren karamellisieren. Einzig die Parmesanchips dürfen Sie schon während des Aperitifs erkalten lassen. Nicht zu lange liegen lassen, damit der Käse nicht ranzig schmeckt!

Der Fisch liegt 1 Stunde in seiner Marinade – nicht länger, sonst wird er trocken! Behalten Sie also, trotz aller Hingabe an Ihre Gäste, die Uhr im Auge.

Wenn Sie die Joghurt-Granita ca. 2 Stunden, bevor Sie die Aperitifgläser mit Ihren Gästen klingen lassen, ins Eisfach geben, hat sie zum Dessert die richtige Konsistenz (insgesamt 4 Stunden Kühlzeit).

So geht's

Plätzchenausstecher kann man gut als Schablone nutzen, um den **Parmesan** in die richtige Form zu bringen.

Für Ungeübte ist beim **Flambieren** der Soße zum Thunfischsteak Vorsicht geboten. Fangen Sie mit wenig Alkohol an. Sonst riskieren Sie eine Stichflamme, die Ihrem perfekten Dinner ein vorzeitiges Ende bereiten könnte. Weniger ist mehr. Der Thunfisch will ja auch nicht im Armagnac schwimmen, nur die Soße soll sein Aroma annehmen. Nehmen Sie zunächst die Pfanne vom Herd und platzieren Sie sie auf einen hitzebeständigen Untergrund. Achten Sie auf ausreichend Platz über Ihnen – eine neue Dunstabzugshaube kann teuer werden. Dann wird der Alkohol hinzu gegeben (ganz Vorsichtige erwärmen ihn erst in einer Schöpfkelle) und die Pfanne geschwenkt, damit er sich verteilt. Dann erst wird er entzündet.

Die **Granita** muss unter ständigem Rühren gefrieren, damit sie zu einer körnigen, halbgefrorenen Masse wird, die an Sorbet erinnert.

Tipp: Wenn Sie einen Tupfer Schlagsahne darunter sprühen, rutscht das Eis nicht auf dem Teller umher.

Das kann vorbereitet werden

- Parmesan in Form bringen
- Chilizucker mischen
- Johannisbeersoße zubereiten
- Joghurt-Granita kalt stellen

Nicht vergessen!

Die Granita regelmäßig umrühren, sonst stimmt die Konsistenz nicht!

Kirschtomaten mit Chilizucker und Parmesanchips

Zutaten

5 Rispen Kirschtomaten
Olivenöl
100 g weißer Zucker
50 g brauner Zucker
1 EL Rosenpaprika
1 EL Paprika, edelsüß
1 EL Zimt
1 TL Chilipulver
Parmesan, gerieben
Kapuzinerkresse
5 Stücke Büffelmozzarella
frisches Weißbrot

1 Tomaten waschen, abtropfen lassen und auf ein Backblech ohne Backpapier legen. Anschließend mit gutem Olivenöl einpinseln.

2 Für den **Chilizucker** Zucker, Paprika, Zimt und Chilipulver gut mischen und die Tomaten reichlich damit bestreuen. Danach das Ganze im 200 °C heißen Ofen 12 Minuten garen. Aufpassen, dass die Rispen nicht verbrennen, ggf. die Hitze reduzieren! Nach der Hälfte der Garzeit erneut mit Zucker bestreuen.

3 Für die **Parmesanchips** den Parmesan dünn auf Backpapier streuen und in Form bringen. Dann so lange im Ofen lassen, bis der Parmesan geschmolzen und alles goldgelb ist.

4 Zum Servieren die Teller mit Blättern der Kapuzinerkresse auslegen. Den Büffelmozzarella in Scheiben schneiden und auf die Blätter legen. Mit Chilizucker bestreuen und mit einem Brenner kurz karamellisieren.

5 Die Tomaten nun auf die Käsescheiben legen und mit den Parmesanchips, die sich gut vom Backpapier lösen lassen, und den Blüten der Kapuzinerkresse (die man mitessen kann) garnieren. Dazu frisches Weißbrot reichen.

Ein mild-frischer Pinot Grigio mit zartem Duft nach Honig passt gut zur Säure der Tomaten und zur Schärfe des Chilis.

Unverschämtheit! Drei Millionen Laibe Parmesan produzieren die Italiener jedes Jahr – und zweieinhalb Millionen davon essen sie auch gleich selbst auf. Nur 18 Prozent des Königs der Käse gelangen in den gesamten Rest der Welt. Fair ist das nicht. Aber verständlich schon.

California-Tunasteak mit Lauchzwiebeln und rotem Pfeffer

Zutaten

Für die Marinade

5 Tunfischsteaks à 200 g (Sushi-Qualität!)
Fischfond
Armagnac, nach Bedarf

Für das California-Tunasteak

10 EL Sojasoße
2 EL japanische Fischsoße
1 EL Sesamöl
1 EL geriebener, frischer Ingwer
1 EL rosa Pfefferbeeren
1 Chilischote, gehackt
2 Knoblauchzehen, gehackt
1 TL Speisestärke

Für die marinierten Kartoffeln

600 g Kartoffeln
5 EL Olivenöl
1 Knoblauchzehe, gehackt
1 EL Dijonsenf
½ TL Rauchsalz

Für die Lauchzwiebeln

Lauchzwiebeln
Butter

Für die Deko

frische Blattpetersilie

1 Für das California-Tunasteak die Zutaten für die **Fischmarinade** – bis auf die Stärke – gut verrühren und kurz aufkochen. Anschließend vom Herd nehmen und die Stärke einrühren. Danach abkühlen lassen, den Fisch damit übergießen und 1 Stunde im Kühlschrank ziehen lassen. Achtung: Lässt man den Fisch länger darin ziehen, wird er trocken.

2 Für die **marinierten Kartoffeln** nun die Kartoffeln mit Schale waschen und vierteln. Anschließend die Marinade für die Kartoffeln zusammenmischen und die Kartoffeln im Tiefkühlbeutel marinieren. Danach diese auf ein Backblech ohne Backpapier auf der mittleren Schiene bei 200 °C für 25 Minuten in den Ofen geben.

3 Nach der Stunde den Fisch aus der Marinade nehmen und die **California-Tunasteaks** entweder auf dem Grill oder in der Pfanne von jeder Seite 1 bis 2 Minuten scharf anbraten bzw. grillen. Anschließend vom Feuer nehmen, in Alufolie einwickeln und weitere 5 Minuten ruhen lassen. Den Bratensatz mit Fischfond ablöschen und mit der Marinade abschmecken. Zum Schluss mit Armagnac flambieren.

4 Die **Lauchzwiebeln** putzen und blanchieren, dann abschrecken und in Butter anschwenken.

5 Wenn die Kartoffeln außen knusprig und innen weich sind, alles anrichten, mit frischer Blattpetersilie bestreuen und servieren.

Ein fruchtiger Pinot Noir mit dem Geschmack nach Kirschen rundet dieses Gericht perfekt ab.

Joghurt-Granita mit schwarzen Johannisbeeren

Zutaten

Für die Joghurt-Granita

1 l Joghurt

200 g Lavendelhonig

8 cl Orangenlikör

Saft von 1 Limone

abgeriebene Schale von 1 Limone

Für die Johannisbeeren

500 g schwarze Johannisbeeren

200 g Zucker

4 cl Portwein

Für die Deko

5 Rispen rote Johannisbeeren

5 Minzblätter

1 Für die **Joghurt-Granita** alle Zutaten in einer Edelstahlschale gut verrühren und für ca. 4 Stunden ins Eisfach stellen, bis die richtige körnige Konsistenz erreicht ist. Dabei jede Stunde einmal gut durchrühren.

2 Nun die **schwarzen Johannisbeeren** mit dem Zucker und dem Portwein einkochen und anschließend durch ein Sieb streichen. Dann kaltstellen. Achtung: Schwarze Johannisbeeren haben viel eigenes Pektin, was dafür sorgt, dass die Soße geliert. Deshalb ab und zu umrühren, damit es beim Anrichten nicht schon Gelee ist, sondern eine dickliche Soße bleibt.

3 Zum Servieren in einer flachen Schale einen Soßenspiegel anrichten. Tipp: Einen Teil der Joghurt-Granita tauen lassen, in einen Spritztüte geben und damit den Soßenspiegel verzieren. Dann je eine schöne Kugel der Joghurt-Granita darauf positionieren. Zum Schluss mit einer Johannisbeerrispe und einem Minzblatt dekorieren.

Thomas hat hierzu einen selbstgemachten Hagebuttenwein gereicht.

Die Granita wurde in Sizilien erfunden. Ursprünglich ist es eine Art Sorbet aus Fruchtsaft und Zucker. Man bekommt Granitas heute in fast jeder Fußgängerzone, unter dem Namen Slush, und in den herrlichsten Neonfarben.

Menü 16

Insalata di Carciofi mit Gamberi und Parmesan
Lotte auf Cavatielli mit frischen Tomaten
Semifreddo al basilico an frischen Früchten

Ornella aus Köln kocht mit viel Leidenschaft und Perfektion für ihre Gäste. Dies gelingt ihr am besten mit italienischen, deutschen und französischen Gerichten.

Timing

Die Artischocken sind das Aufwändigste an dieser Vorspeise, weil der weiche Boden erst einmal von seiner harten Schale befreit werden will. Dann müssen die Artischockenböden 5 Stunden in der Marinade ziehen, das heißt, bereits am Nachmittag haben Sie Ihren ersten Gang unter Dach und Fach.

Die Cavatielli bereiten Sie am besten am späten Nachmittag vor. Der Teig darf zwar kühl lagern, aber nicht zu lange. Für die Zubereitung Zeit mitbringen! Der Teig ist zwar schnell geknetet, aber das Rollen der Nudeln verlangt starke Nerven und eine ruhige Hand.

Das Dessert steht bereits, wenn Sie den ersten Gang auftischen, denn ein gutes Semifreddo braucht ungefähr 2 Stunden. Um sicher zu gehen – und um nicht immer wieder nachsehen zu müssen – hier ein Tipp: Lassen Sie die Zabaione ganz durchfrieren. Dann nehmen Sie sie wieder heraus und lassen Sie im Kühlschrank leicht (oder auch mehr, je nach Geschmack) antauen – semifreddo eben.

So geht's

Achten Sie beim Einkauf der **Artischocken** darauf, dass die Blütenblätter den Kopf fest umschließen, keine schwarzen Stellen aufweisen und sich nicht trocken anfühlen.

Um eine Artischocke zu „schälen", zupfen Sie zuerst die einzelnen Blätter heraus. Selbstverständlich sind auch die ganz köstlich und können verzehrt werden, doch das ist nicht nur eine andere Geschichte, sondern auch ein anderes Rezept. Dann schneiden Sie mit einem scharfen Messer die oberen zwei Drittel des Gemüses weg. Nur der Boden wird weiterverarbeitet. (Ja, 80% der Artischocke wandern tatsächlich in den Abfall ...) Tipp: Damit die Schnittflächen nicht bräunen, reiben Sie mit einer angeschnittenen Zitrone darüber. Dann schneiden Sie den Stiel ab, ebenfalls ca. zwei Drittel. Mit einem kleinen Schälmesser die dunklen grünen Stellen abschneiden – am besten, indem Sie die Artischocke mit der Fläche nach unten, den Stiel nach oben auf ein Schneidebrett legen. Anschließend zupfen Sie die letzten verbliebenen Blätter ab. Jetzt ist kein Grün mehr an der Artischocke. Dann vierteln Sie den Artischockenboden und holen mit einem Löffel (oder mit einem kurzen Messer) den Kern heraus (wie bei einer Melone). Und schon ist die Cynara cardunculus fertig zum Marinieren!

Das kann vorbereitet werden

- Artischocken putzen und marinieren
- Nudeln rollen
- Früchte einlegen
- Semifreddo aufschlagen und einfrieren

Nicht vergessen!

Die Lotte nicht säuern! Sonst wird der ohnehin sehr feste Fisch schnell zu Gummi.

Insalata di Carciofi mit Gamberi und Parmesan

Zutaten

4 frische Artischocken
etwas Zitronensaft
20 EL Olivenöl
2 Knoblauchzehen, fein geschnitten
2 EL gehackte Petersilie
Salz
Pfeffer
1 Friséesalat
5 EL Weißweinessig
10-15 Riesengarnelen
100 ml Weißwein
Parmesan

1 Die Artischocken schälen, in Viertel schneiden, in Wasser mit Zitrone einlegen (damit sie nicht braun werden und ihre Farbe behalten) und danach in klarem Wasser ca. 15 Minuten al dente kochen. Anschließend in einer Marinade aus 10 EL Öl, 1 Knoblauchzehe, Petersilie, Salz und Pfeffer einlegen und mindestens 5 Stunden darin ziehen lassen.
2 Den Salat putzen, waschen und trockenschleudern. Anschließend mit einem Dressing aus Weißweinessig, 10 EL Olivenöl, Salz und Pfeffer auf den Tellern anrichten.
3 Die Riesengarnelen in Olivenöl und mit einer Knoblauchzehe anbraten. Mit Weißwein ablöschen.
4 Die Artischocken auf dem Friséesalat zusammen mit je 2–3 Riesengarnelen anrichten. Mit frischem und gehobeltem Parmesan verfeinern.

Ein Weißwein mit weicher, frischer Säure passt selbst zur Artischocke, die beinahe mit jedem Wein auf Kriegsfuß steht. Probieren Sie einen Vernaccia di San Gimignano, der nach dem Schlucken – also „im Abgang" – eine angenehme Bitterkeit hinterlässt.

Kaum zu glauben, aber die Wissenschaft ist überzeugt: das Wort „Carciofi" stammt genau wie sein deutsches Gegenstück „Artischocke" von einem arabischen Wort ab: „al harsuf". Andererseits: besser eine unglaubwürdige Theorie als gar keine.

Lotte auf Cavatielli mit frischen Tomaten

Zutaten

Für die Cavatielli
500 Mehl
250 ml kaltes Wasser

Für die Soße
350 g Tomaten
1 Knoblauchzehen, geschält und gehackt
300 g Vongole (Venusmuscheln) in der Schale
3 EL gehackte Petersilie
2 Salbeiblätter

Für den Fisch
pro Person 1 Scheibe (ca. 150 g) von der Lotte (Seeteufel)
Öl
Salz
Pfeffer
150 ml Weißwein

1 Für die **Cavatielli** das Mehl und das kalte Wasser zu einem Teig verkneten. Diesen so dünn wie möglich ausrollen, davon dann ca. 12 cm lange Streifen abschneiden und zu Locken formen. Dazu die Teigstreifen zwischen den Händen rollen, als wollten Sie ein Steinzeitfeuer entzünden. Die Cavatielli dann in Salzwasser al dente kochen.
2 Für die **Soße** die Tomaten in heißem Wasser kurz blanchieren und dann häuten, entkernen und klein schneiden. Die Knoblauchzehe in Olivenöl andünsten. Dann die Tomaten hinzufügen. Mit etwas Nudelwasser ablöschen. Die Muscheln hinzufügen und gut durchkochen lassen. Dann die gehackte Petersilie und die Salbeiblätter zugeben.
3 Den **Fisch** in heißem Öl kurz braten, salzen, pfeffern und mit Weißwein ablöschen. Anschließend aus der Pfanne nehmen und warm stellen. Den Inhalt der Pfanne in die Soße geben und durchkochen lassen.
4 Die Nudeln mit der Soße vermengen, und den Fisch auf den Nudeln anrichten.

Zum Seeteufel passt ein trockener, fruchtiger Weißwein. Eine milde Säure und ein volles Aroma sollten aber sein, um auch Knoblauch und Tomaten etwas entgegensetzen zu können. Ein Roero Arneis aus dem Piemont passt wunderbar.

Semifreddo al basilico an frischen Früchten

Zutaten

Für die Früchte

Früchte der Saison (entweder rote wie Erdbeeren, Brombeeren, Himbeeren, Heidelbeeren oder gelbe wie Aprikose, Melone, Nektarine, Mango)
2-3 EL Zucker
Saft von ½ Zitrone
2 EL Orangenlikör

Für das Semifreddo

200 g weiße Schokolade
3 Eier
3 EL Zucker
200 ml Weißwein
1 cl Cognac
50 g Basilikum

1 Die frischen **Früchte** wenn nötig schälen und in Stücke schneiden und ca. 30 Minuten in Zucker, Zitronensaft und Orangenlikör einlegen.
2 Für das **Semifreddo** die Schokolade im Wasserbad schmelzen. Die Eier trennen und die Eigelb mit 1 EL Zucker, Weißwein und Cognac erwärmen und mit der Schokolade im Wasserbad zu einer Zabaione aufschlagen.
3 Basilikum ganz fein schneiden. Die Eiweiß steif schlagen und gegen Ende 2 EL Zucker einrieseln lassen. Mit Basilikum und der Zabaione vermengen. Dann in Förmchen füllen und diese ins Tiefkühlfach stellen.
4 Wenn es „semifreddo", also halbgefroren ist, auf die Teller stürzen und mit dem eingelegten Obst dekorativ anrichten.

Zum Halbgefrorenen reichte Ornella einen trockenen Mocato aus Sizilien. Aber auch ein prickelnder Prosecco verträgt sich gut mit dem feinen Basilikumaroma.

Basilikum wird auch Königskraut genannt – und das zu Recht: Basileus ist das altgriechische Wort für König. Basilikum aus dem Supermarkt ist meistens ein „Genoveser". Es gibt aber mehr als 150 Sorten Basilikum. Manche schmecken nach Anis, andere sind violett, und wieder andere vertreiben Mücken. Und allein dafür muss man Basilikum schon lieb haben!

Sommerlich und frisch

Statt Blumen

Ein paar dunkelgrüne Artischocken in einer weißen Schale arrangiert sind ein interessanter Blickfang – aber auch Auberginen, gelbe und grüne Zucchini oder rote Zwiebeln machen sich gut als Tischdekoration.

Ganz in Weiß

Auf weißem Geschirr kommt jedes Gericht optimal zur Geltung. Wild gemustertes Geschirr und Teller mit dunklem Grund lenken oftmals vom Wesentlichen ab.

Hier muss keiner verdursten

Stellen Sie Weinflaschen und frisches Wasser in Karaffen auf den Tisch – das sieht gut aus und die Gäste bedienen sich ohne Scheu selber, wenn Sie gerade zufällig in der Küche am Herd stehen sollten. Eine Sorge weniger!

Buntes Gemüse

Einige Farbtupfer, richtig gesetzt, müssen bei einer schlichten Deko sein: Rote Tomaten auf einer flach gefalteten Serviette sind ein echter Hingucker und sehen dazu noch appetitlich aus.

Menü 17

Forellenfilets auf Selleriemousse mit Brunnenkressepesto

Filet von der Dorade auf Ratatouillegemüse

Mangoquark im Glas

Gregor aus Bonn hat sich das Kochen selbst beigebracht und das Siegermenü mit viel Leidenschaft zubereitet. Besonders gut gelingt ihm Risotto in allen Variationen.

Timing

Das Brunnenkressepesto mixen Sie schon kurz vor dem Eintreffen Ihrer Gäste und schlagen es dann beim Anrichten noch einmal auf. Die Forellenfilets schieben Sie in den Ofen, bevor Sie die Gläser mit dem Aperitif füllen – der Fisch braucht 30 Minuten –, und Kartoffel und Sellerie garen, solange Sie und Ihre Gäste ihn schlürfen. Dann das Gemüse durch den Mixer jagen und die Mousse zusammen mit Fisch und Pesto anrichten. Et voilà! Der erste Gang wäre geschafft.

Das Ratatouille ist ideal zum „Vorkochen", denn es wird beinahe noch besser, wenn es wieder aufgewärmt wird. Aber Vorsicht: Das Gemüse darf nicht zu einem Matsch garen! Lieber beim ersten Anbraten schon von der Herdplatte ziehen, wenn das Gemüse noch sehr viel Biss hat. Wenn Sie sich zum Risotto entschließen sollten, bereiten Sie Ihre Gäste auf eine kleine Pause vor. Und auf Ihre Abwesenheit, denn Risotto muss ständig gerührt werden.

Der Mangoquark möchte gerne frisch ins Glas geschichtet werden. Das Mangomark können Sie gut vorher pürieren. Doch die Creme schmeckt am besten, wenn sie nicht zu lange steht. Aber keine Sorge, die Gläser sind schnell befüllt!

Das kann vorbereitet werden

- Pesto mixen
- Ratatouillegemüse putzen, schneiden und anbraten
- Mango pürieren

Nicht vergessen!

Auch wenn's hübsch aussieht: Die Dessertgläser sollten nicht so hoch sein, dass Ihre Gäste sich beim Löffeln den Arm verrenken!

So geht's

Alternativ zum Mixer können Sie **Sellerie und Kartoffel** auch zerdrücken. Dann ist es keine fein-sämige Masse, sondern ein „Stampf". Manche bevorzugen diese Art, weil noch einzelne Stücke zu beißen (und vor allem zu schmecken!) sind. Vorsicht mit dem Limettensaft! Lieber noch einmal nachwürzen, damit es nicht aus Versehen zu sauer wird. Tipp: Wenn es doch passiert sein sollte, ein wenig Honig einrühren.

Gut zu wissen: Die **Dorade** ist ein sehr grätenarmer Fisch. Das wird den einen oder anderen Gast, der es hasst, sein Essen erst zu sezieren, bevor er es genießen kann, freuen.

Mangos reifen nicht nach. Wenn die Frucht schon beim Einkauf hart ist, nützt auch liebevolle Geduld nicht mehr viel. Für ein perfektes Dinner sollten Sie daher auf Flugmangos zurückgreifen. Denn die werden bereits reif geerntet und sind innerhalb von kurzer Zeit auf unseren Märkten.

Mangos schälen Sie am einfachsten um den Kern herum, d.h. Sie entkerne Sie erst im letzten Schritt. Dazu erst die eine Hälfte schälen und dann eng am Kern entlang schneiden. Dann kommt die andere Hälfte dran, dann die schmalen Seiten. So haben Sie einen besseren Griff.

Übrigens

Für ein **Risotto** kommt nur ein (italienischer) Reis mit genügend Stärke infrage, denn die ist für die Sämigkeit eines gelungenen Risottos verantwortlich. Drei Sorten sind im Handel gut erhältlich:

Arborio – ist in fast jedem Supermarkt im Sortiment und hat eine gute Bindung. Damit wird das Risotto ein wenig fester.

Carnaroli – wird von Profiköchen bevorzugt, weil er viel Biss behält.

Vialone Nano – ein Rundkornreis, der sich für ein etwas flüssigeres Risotto gut eignet.

Wenn's wirklich perfekt sein soll

Ein frisches Tomatenrisotto
... passt perfekt zur Dorade

50 g Butter
1 EL Olivenöl
1 Schalotte, klein gehackt
300 g Arborio-Reis
(alternativ Carnaroli oder Vialone)
1 guter Schuss trockener Weißwein
ca. 300 ml Tomatensaft
ca. 300 ml Gemüsebrühe
2-3 EL Parmesan
3-4 EL geschlagene Sahne
Meersalz

Die Butter und das Olivenöl in einem Rührtopf erhitzen und darin die Schalotte andünsten. Dann den Reis hinzugeben, kurz erhitzen und anschließend mit etwas Weißwein ablöschen. Den Tomatensaft erwärmen. Nach und nach den Tomatensaft und die ebenfalls warme Brühe immer wieder unter ständigem Rühren dazugeben, bis der Reis die Flüssigkeit aufgenommen hat. Zum Schluss den Parmesan und die geschlagene Sahne unterrühren und mit Meersalz würzen. Achtung! Echter Risotto muss Biss und Crema zugleich haben! Vor dem Servieren noch einmal etwas Parmesan darüber reiben.

Fisch zur Vorspeise, Fisch zum Hauptgang: Gregors Menü ist auch für die Bewirtung von bestimmten Vegetariern gut geeignet. Denn es gibt ja gar nicht so wenige Fleischverweigerer, für die Fische nicht wirklich Tiere sind, sondern eher eine Art schwimmendes Gemüse. Sicher ein wunderbar beruhigender Gedanke – man darf ihn nur nicht zu Ende denken.

Forellenfilets auf Selleriemousse mit Brunnenkressepesto

Zutaten

Für die Forellenfilets

4 frische Forellenfilets (mit Haut)
aromatisiertes Olivenöl (Limone oder Zitrone)
Meersalz

Für die Selleriemousse

1 Kartoffel
1 Sellerieknolle, in feine Streifen geschnitten
Butter
50 ml Gemüsebrühe
einige Spritzer Limettensaft (nach Geschmack)
50 ml Sahne
Pfeffer
Salz

Für das Brunnenkressepesto

1 Bund frische Brunnenkresse
4-5 EL Olivenöl
½ Knoblauchzehe
2-3 EL Traubenkernöl
1 EL geriebener Parmesan
einige Spritzer Limettensaft (nach Geschmack)
Salz
Pfeffer

1 Die **Forellenfilets** in 10 bis 12 gleich große Stücke schneiden und rundherum mit Olivenöl einpinseln – keine frische Zitrone verwenden, da sonst das Eiweiß des Fisches gerinnt. Dann den Teller mit Frischhaltefolie bedecken und darauf achten, dass die Folie fest aufliegt und keine Lufträume enthält. Den Teller bei Niedrigtemperatur (Tellerwärmer oder Backofen) bei 80 °C etwa 25 bis 30 Minuten erwärmen.

2 Für die **Selleriemousse** eine Kartoffel schälen und kochen. Die Selleriestreifen in Butter bei geringer Temperatur etwa 10 Minuten garen und mit etwas Brühe und Limettensaft abschmecken. Die gekochte Kartoffel mit dem Sellerie und der Sahne in einen Mixer geben und mindestens 10 Minuten bei hoher Drehzahl zu einer feinen lockeren Mousse mixen. Mit Pfeffer und Salz abschmecken.

3 Für das **Brunnenkressepesto** die Blätter von den Stielen abzupfen und waschen. Dann mit etwas Olivenöl und den geschälten Knoblauch in einem kleinen Mixer zu einem dickflüssigen Pesto mixen. So lange Oliven- und Traubenkernöl zugeben, bis die gewünschte Konsistenz erreicht ist. Dann geriebenen Parmesan unterrühren und mit Limettensaft, Salz und Pfeffer abschmecken.

4 Die Teller jeweils mit der lauwarmen Selleriemousse anrichten. Die Forellenfilets enthäuten und jeweils zwei Stück auf die Mousse legen. Rechts und links davon jeweils ein wenig Pesto auf die Teller geben und das Ganze mit Meersalz verfeinern.

Ein Riesling aus der Pfalz passt hier ausgezeichnet, denn er ist kräftig und trotzdem frisch, elegant und aromatisch zugleich.

Forelle

Auch bei Forellen kommt es nicht auf die Größe an. Forellen können zwar bis zu 6 Kilo schwer werden, aber Kenner bevorzugen die Exemplare bis zu 350 Gramm. Wildfische sind mittlerweile selten auf dem Markt zu finden, die meisten Exemplare kommen mittlerweile aus Aquafarmbetrieben. Die Bachforelle – Fisch des Jahres 2005 – zählt zu den bedrohten Tierarten, ist aber gleichwohl eine der beliebtesten Forellen auf unseren Tellern. Achtung beim Kauf von Lachsforellen: Oftmals werden Regenbogenforellen angeboten, deren Fleisch sich durch besondere Fütterung rosa gefärbt hat. Sie sind jedoch im Geschmack nicht mit den echten Lachsforellen, die auch Meerforellen genannt werden, zu vergleichen. Forellen eignen sich zum Pochieren, Braten oder Grillen. Eine gute Nachricht für alle zeitökonomischen Köche: Der beliebte Süßwasserfisch hat kleine, weiche Schuppen, die mitgegessen werden können. Nur die größeren Exemplare müssen geschuppt werden.

Filet von der Dorade auf Ratatouillegemüse

Zutaten

Für das Ratatouille

1 mittelgroße Aubergine
5-6 EL Olivenöl
2 rote und 2 gelbe Paprika (am besten enthäutet)
1 große Zucchini
1 rote Zwiebel, fein geschnitten
jeweils 2-3 Zweige frischer Rosmarin und Thymian
1 guter Schuss Weißwein (nach Geschmack)
1-2 Knoblauchzehen
einige Spritzer Limettensaft
2-3 EL Orangensaft
Salz
Pfeffer
geriebene Chilischote (nach Bedarf)

Für die Dorade

5 frische Doradenfilets
Mehl

Für die Deko

Rosmarinzweige

1 Für das **Ratatouille** die Aubergine in fingerdicke Scheiben schneiden, vierteln und in Öl ausbacken. Danach auf Küchenkrepp abtropfen lassen. Paprika und Zucchini putzen, in kleine Würfel schneiden und zusammen mit der Zwiebel sowie den Kräuterzweigen in derselben Pfanne kurz bei hoher Hitze anbraten. Das Ganze dann mit Weißwein ablöschen und etwa 10 Minuten ziehen lassen. Knoblauch pressen und dazugeben. Die Auberginen ebenfalls zufügen und bei geringer Hitze noch etwa 5 Minuten ziehen lassen und mit Limettensaft und Orangensaft abschmecken. Mit Salz, Pfeffer und etwas Chili (Schärfe nach Bedarf) würzen. Dann die Pfanne beiseite stellen und später kurz aufwärmen.

2 Die **Doradenfilets** kurz in Mehl wälzen und auf der Fleischseite 1 Minute anbraten. Danach 3 bis 4 Minuten auf der Hautseite garen, sonst trocknet das Fleisch aus. Zum Schluss noch etwa 2 bis 3 Minuten auf dem Ratatouillegemüse im vorgeheizten Ofen bei ca. 100 °C nachgaren.

3 Den Fisch mit der Hautseite nach oben auf dem Ratatouille anrichten und jeweils einen frischen Rosmarinzweig darauf legen. Hierzu passt ein Tomatenrisotto.

Hierzu schmeckt ein fruchtig-frischer Chardonnay aus dem Barriquefass aus Südtirol vorzüglich.

Was sagt ein Doradenmännchen, wenn es ein hübsches Doradenweibchen sieht? Gar nichts – es gibt nämlich weder das eine noch das andere. Doraden sind Zwitter. Sie haben somit unter geschlechterpolitischen Gesichtspunkten die höchste Stufe der Gleichberechtigung erreicht.

Mangoquark im Glas

Zutaten

Für das Mangomark

2 reife Mangos (am besten Thai-Mangos)
Minzblätter
Saft von 1/2 Orange
1-2 Schuss Orangenlikör

Für die Creme

500 g Quark
100 g Frischkäse
200 ml geschlagene Sahne
2 Päckchen Vanillezucker
Abrieb von 1 Limette
5 EL Akazienhonig
2-3 EL gehackte Pistazien
1 Schuss Orangenlikör

Für die Deko

5 Blätter frische Minze
Schokoladenraspel
Zucker nach Bedarf

1 Für das **Mangomark** das Mangofleisch vom Kern trennen. Einen Teil vom Fruchtfleisch in kleine Stücke schneiden, den Rest mit einem Pürierstab und ein paar Minzblättern pürieren. Orangensaft und einen kleinen Schuss Orangenlikör dazugeben und nach Bedarf nachzuckern.

2 Für die **Creme** den Quark, den Frischkäse und die geschlagene Sahne zu einer Creme verrühren und mit Vanillezucker und Limettenabrieb abschmecken. Nach Bedarf einen kleinen Schuss Orangenlikör dazugeben.

3 Nun 5 Gläser nehmen und auf den Boden eine dünne Schicht Akazienhonig geben. Die gehackten Pistazien dazugeben und etwa 10 Minuten kaltstellen, damit der Honig etwas fester wird. Dann eine Schicht Quarkmasse darauf geben und eine Schicht püriertes Mangomark darüber. Dies kann nach Bedarf mehrfach so geschichtet werden. Abschließend eine Schicht Quark und die Mangostücke darauf geben und mit einem Minzblatt und den Schokoraspeln garnieren.

4 Das Glas mit einem langen Löffel servieren und den Gästen den Tipp geben, das Dessert mit dem Löffel immer vom Boden mit Honig aufzunehmen wegen der angenehmen Süße.

Ein fein-herber Crémant d'Alsace steht diesem Dessert gut!

Mangos wirken sich angeblich positiv auf das menschliche Gehirn aus. Es liegen aber leider keine gesicherten wissenschaftlichen Erkenntnisse vor, wie viele Tonnen Mangos ein durchschnittlicher Dussel essen müsste, um zu einem Nobelpreiskandidaten heranzureifen.

Menü 18

Seeteufel-Bäckchen mit zweierlei Saucen auf schwarzem Risottoreis

Perlhuhn mit Morchelsoße auf Gemüse aus dem Wok

Weintraubenbeignets im Himbeersüppchen

Mark aus Hamburg lässt sich beim Kochen von den Rezepten seiner Großmutter und Mutter, von Freunden und Profis inspirieren. Da seine Familie eine Hühner-Farm besessen hat, lernte Mark schon früh Geflügel in allen Variationen perfekt zuzubereiten.

Timing

Die Soßen zur Vorspeise können bereits so weit vorbereitet werden, dass Sie erst kurz vorm Servieren den Kerbel und die Orangenfilets hinzufügen. Risotto allerdings muss frisch zubereitet und ebenso frisch aufgetischt werden. Wer hier „pfuschen" und den Reis vorgaren will, ist schlecht beraten. Rechnen Sie ungefähr 20 Minuten ein.

Auch für die Zubereitung und das Einkochen der Soße zum Hauptgericht sollten Sie ca. 30 Minuten einplanen. Das Perlhuhn dagegen ist schnell angebraten und zieht dann in der Soße gar. Und Wokgemüse zeichnet sich gerade dadurch aus, dass es heiß und schnell gegart wird und knackig auf den Teller kommt.

Die Beignets müssen unbedingt ganz frisch ausgebacken werden und warm auf die kalte – was nicht nur kulinarisch erfreulich sondern auch gut für Ihren Zeitplan ist – Himbeersuppe gegeben werden. Nehmen Sie sich ausreichend Zeit, lassen Sie sich nicht hetzen, denn hierbei ist Geschicklichkeit gefragt.

Das kann vorbereitet werden

- Wokgemüse putzen und fein schneiden
- Huhn zerlegen
- Himbeersüppchen zubereiten
- Soße vorbereiten

So geht's

Zum **Mehlieren** wenden Sie den Fisch roh in Mehl. Achtung: Es soll keine dicke Panade werden, sondern die Schicht bedeckt die Bäckchen nur hauchdünn, um das zarte Fleisch vor der Hitze zu schützen. Klopfen Sie das Fleisch noch einmal ab, bevor es in die Pfanne wandert. Dann auf mittlerer Hitze braten (nicht höher!), am be-

Nicht vergessen!

Morcheln rechtzeitig einweichen. Und für alle Vollautomatenbesitzer: Kaffeefilter zum Abgießen besorgen!

sten in einer Olivenöl-Butter-Mischung. Goldbraun soll der Fisch zwar braten, aber nicht zu lange in der Pfanne liegen. Das mag ein Seeteufel gar nicht.

Wenn Sie sich Arbeit sparen wollen, lassen Sie sich die **Perlhühner** vom Fachhändler zerlegen. Aber trauen Sie sich ruhig selber ans Geflügel. Es ist ganz einfach: Zuerst entfernen Sie die Flügel, in dem Sie am Gelenk einmal mit einem spitzen (scharfen!) Messer rundherum schneiden und dann den Flügel herausdrehen. Noch unversehrte Sehnen durchtrennen. Die Flügelteile werden nicht mitgebraten, können aber eventuell für einen Fond verwendet werden. Dann lösen Sie mit der gleichen Technik die Schenkel: Schenkel von Brustkorb abziehen, schneiden, drehen, den Rest durchtrennen. Zum Lösen der Brust schneiden Sie direkt am Brustbein ein und dann das Fleisch eng an den Rippen entlang ab. Tipp: Ziehen Sie dabei mit der anderen Hand ein wenig am Fleisch. Zum Schluss den oberen Flügelknochen wieder durch Drehen und mithilfe des Messers vom Gelenk lösen. Oben die Sehnen mit einem kreisförmigen Schnitt durchtrennen. Ähnlich können Sie übrigens bei einem schon gebratenen Huhn vorgehen.

Übrigens

Tellicherry-Pfeffer stammt aus der Region Tellicherry an der indischen Malarbarküste. Sein besonders intensives (scharfes) Aroma verdankt er der Tatsache, dass er erst dann geerntet wird, wenn die ersten grünen Beeren sich rot färben, also kurz vor dem Beginn des Reifeprozesses. Äußerlich ist er an den gleichmäßig großen Beeren zu erkennen. Wer nicht auf diesen teuren Pfeffer zurückgreifen will, darf auch sorglos das Perlhuhn mit gewöhnlichem Pfeffer (und gewöhnlichem Meersalz aus einer anderen Region als der Bretagne) würzen. Das Gericht wird immer noch köstlich schmecken!

Wenn's wirklich perfekt sein soll

Die beste Qualität hat ein Bio-Perlhuhn, aber auch das Geflügel mit einem Label-Rouge, das gute Ernährung und Freilauf garantiert, ist empfehlenswert. Das dunkle Fleisch des Perlhuhns ist sehr aromatisch, zart und saftig und für viele kräftige Gerichte eine interessante Alternative zum „schnöden" Huhn. Übrigens: Im Gegensatz zu anderem Geflügel müssen Perlhühner zwei bis drei Tage abhängen. Perlhühner bekommen Sie im Wild- oder Geflügelfachhandel oder im Feinkostladen. Achtung: Zum Braten sind nur die jungen Hühner geeignet!

Bei diesem Menü müssen Ihre Gäste ein wenig Geduld mitbringen. Das gibt Ihnen die Zeit, den Gästen ausführlich zu erläutern, wie viel Mühe Sie sich für sie geben. Falls dann was schief geht, halb so wild – denn alle werden Mitleid mit Ihnen haben, weil Sie sich ja so viel Mühe gemacht haben. Merke: verspottet werden kann jeder, Mitleid muss man sich verdienen!

Seeteufel-Bäckchen mit zweierlei Soßen auf schwarzem Risottoreis

Zutaten

Für den Risottoreis

1 EL Olivenöl
1 EL Butter
2 Schalotten, fein gewürfelt
2 Knoblauchzehen, fein gewürfelt
250 g schwarzer Risottoreis
Weißwein nach Bedarf
1,5 l Fischfond

Für den Kerbelschaum

150 g Kerbel
4 EL Sahne
800 ml Kalbs- oder Hühnerfond
100 ml Sahne

Für die Orangenbutter

25 g Hummersüppchen, fertig gekauft
200 ml Wasser
etwas Sahne
1/2 Glas frisch gepresster Orangensaft
50 g Butter
französischer Wermut nach Geschmack
grüne Pfefferkörner
Basilikumblätter

Für den Seeteufel

15 Seeteufelbäckchen
Mehl

Mark servierte hierzu einen Chardonnay-Auxerrois Kab:nett aus der Pfalz.

1 Für den **Risottoreis** in einem größeren Topf Olivenöl und Butter erhitzen und die Schalotten- und Knoblauchwürfel kurz darin anschwitzen. Anschließend den Reis zugeben und wenden, bis alle Reiskörner mit etwas Fett überzogen sind. Mit dem Weißwein ablöschen und köcheln lassen, bis die Flüssigkeit vom Reis aufgenommen wurde. Nun nach und nach den Fischfond portionsweise zugeben und den Reis rühren, damit er nicht anbrennt. Immer nur etwas Flüssigkeit zugeben und den Schritt wiederholen, wenn sie aufgenommen wurde. Der Reis sollte dabei zart werden, aber noch etwas bissfest bleiben – eventuell wird dabei nicht die komplette Flüssigkeit benötigt.

2 Für den **Kerbelschaum** den Kerbel waschen und mit 4 EL Sahne im Mixer pürieren. Dann den Kalbs- oder Hühnerfond erhitzen und den pürierten Kerbel erst kurz vorm Servieren dazu geben – sonst schmeckt er zu stark und wird grau. Zum Schluss die 100 ml Sahne schlagen und auch erst kurz vor dem Servieren in die Soße einrühren, damit ein echter Kerbelschaum entsteht.

3 Für die **Orangenbutter** das Hummersüppchen im Wasser auflösen und mit etwas Sahne abschmecken. Nun den frisch gepressten Orangensaft dazu geben. Die Orangenbutter soll dickflüssig sein - deshalb kurz vorm Servieren noch 50 g Butter unterschlagen und mit dem Wermut abschmecken. Zum Schluss ein paar grüne Pfefferkörner zugeben und mit ein paar Blättern Basilikum dekorieren.

4 Die **Seeteufelbäckchen** waschen, mehlieren und kurz vorm Servieren goldbraun anbraten. Vorsicht, nicht zu lange! Nach 2 Minuten auf jeder Seite testen, ob der Fisch den richtigen Garpunkt hat.

5 Die Seeteufelbäckchen auf den Tellern mit dem Risotto anrichten. Damit die Soßen nicht ineinander verlaufen, den Kerbelschaum separat in einem kleinen Schälchen servieren.

Perlhuhn mit Morchelsoße auf Gemüse aus dem Wok

Zutaten

Für das Perlhuhn

50 g getrocknete Morcheln
Olivenöl
2 Perlhühner, zerlegt
etwas Butter
Salz aus der Bretagne
Tellicherry-Pfeffer
200 ml Hühnerfond
250 ml Crème fraîche
trockener Sherry

Für das Wokgemüse
(50 g von jedem Gemüse pro Person)

3 Karotten
3 Kartoffeln
Sellerieknolle
1 kleine Zucchini
1 Stange Lauch
Öl
Salz aus der Bretagne

1 Für das **Perlhuhn** und seine Soße die Morcheln in lauwarmes Wasser einlegen und 30 Minuten stehen lassen. Danach abgießen – dazu das Einlegwasser der Morcheln durch einen Kaffeefilter (oder durch Küchenkrepp) gießen, damit noch eventueller Sand entfernt wird und anschließend abtropfen lassen. Das Morchelwasser für die Zubereitung der Soße beiseite stellen.

2 Backofen auf 150° zusammen mit einem Bräter, der vorher mit Olivenöl eingefettet wurde, vorheizen. Perlhuhnschenkel im Gelenk teilen und in heißer Butter in einer Pfanne rundherum anbraten. Salzen und pfeffern und in den Bräter geben. 5 Minuten später die Brust bei mittlerer Hitze in der Pfanne auf der Hautseite goldbraun anbraten, wenden und noch eine 1 Minute auf der Fleischseite braten. Salzen und pfeffern. Zu den Schenkeln in den Backofen geben. Nach 10-15 Minuten aus dem Ofen nehmen.

3 Während das Perlhuhn im Ofen ist, etwas Hühnerfond mit dem zuvor beiseite gestellten Morchelwasser stark einkochen. Die Morcheln halbieren und in die Soße geben. Crème fraîche dazu geben und weiter einkochen lassen, bis die Soße sämig wird. Mit einem Schuss Sherry abschmecken.

4 Die Perlhuhnteile in die Soße geben – dabei die Brustteile zuletzt – und mit Salz aus der Bretagne und Tellicherry-Pfeffer abschmecken. 5 Minuten ziehen lassen.

5 Für das **Wokgemüse** das Gemüse putzen bzw. schälen, fein schneiden und kurz vor dem Servieren im Wok mit Öl al dente anbraten. Mit Salz abschmecken.

6 Die Perlhuhnteile aus der Soße nehmen, die Brust aufschneiden und zusammen mit den Keulen auf den Tellern schön aufteilen und mit Soße, Morcheln und Gemüse dekorieren.

Ein leichter, traubiger Valpolicella passt hier hervorragend. Achten Sie aber darauf, dass es ein Classico oder ein Superiore ist.

Weintraubenbeignets im Himbeersüppchen

Zutaten

Für das Himbeersüppchen
200 g Zucker
200 ml Wasser
400 g Himbeeren (frisch oder TK)

Für die Weintraubenbeignets
15-20 Weintrauben
Kirschwasser
125 g Mehl
Salz
1 EL Zucker
2 Eigelb
30 g geschmolzene Butter
2 Eiweiß
Öl zum Frittieren

Für die Deko
kandierte Veilchen

1 Für das **Himbeersüppchen** zunächst Zucker und Wasser aufkochen. Dann die Himbeeren dazu geben, passieren und kaltstellen.

2 Für die **Weintraubenbeignets** die Weintrauben häuten und entkernen (oder gleich kernlose Sorten kaufen). Mit Kirschwasser beträufeln und ziehen lassen.

3 In der Zwischenzeit den **Teig für Beignets** fertig stellen. Dafür Mehl in eine Schüssel sieben, Salz und Zucker zufügen und alles gut verrühren. Anschließend mit dem Eigelb vorsichtig verrühren, bis der Teig schön glatt ist. Dann die geschmolzene Butter einrühren. Der Teig muss dickflüssig sein (etwas dicker als normaler Pfannkuchenteig). Danach muss der Teig ruhen. Kurz vor dem Ausbacken der Beignets die Eiweiße schlagen und unterziehen.

4 Öl in einer Fritteuse oder Pfanne auf 150 °C erhitzen. Die Weintrauben vorsichtig durch den Teig ziehen und dann in das heiße Öl geben. Goldbraun backen, dann abtropfen lassen.

5 Die Beignets warm auf dem Himbeersüppchen servieren. Zum Schluss mit den kandierten Veilchen dekorieren.

Ein süßer Likörwein aus Himbeeren rundet dieses Dessert perfekt ab.

Himbeere

Immer neue Sorten werden von der Himbeere gezogen, was wohl der Optik, nicht aber immer dem Geschmack zugute kommt. Und der hat es bei dieser Frucht nämlich in sich. Kaum eine Frucht ist so süß und so säuerlich zugleich. Reif ist sie erst ab Juli und läutet damit jedes Jahr zuverlässig den Sommer ein. Wasser mögen Himbeeren nicht. Deswegen tunken Sie sie zum Putzen nur einmal kurz in einem Sieb in lauwarmes Wasser. Übrigens: Himbeeren lassen sich hervorragend einfrieren. Frieren Sie die empfindlichen Früchte erst einzeln an, ausgebreitet auf einem Tablett, und geben Sie sie erst dann zusammen in eine Tüte. Zu weiche Früchte einfach pürieren – ganz nach Geschmack mit oder ohne Zucker.

Menü 19

Basilikumnudeln mit Lauchjulienne und Räucherlachs

Gratiniertes Entrecôte mit gebratenem Grießstrudel und Steckrübengemüse

Champagnertörtchen auf Rotweinschaum

Ralf aus Duisburg baut beim Kochen Stress ab und probiert immer wieder gern etwas Neues. Vor allem das Würzen liegt ihm, er macht aber auch Pasta selbst und erfindet gern neue Desserts.

Timing

Der Nudelteig muss 2 Stunden ruhen, dann erst wird er weiterverarbeitet und anschließend zum Trocknen aufgehängt. Das heißt, diese Arbeit kann – und muss – bereits am Nachmittag erledigt werden.

Währenddessen können Sie sich um das Backen des Baumkuchens für die Nachspeise kümmern, denn die vielen Lagen brauchen ihre Zeit. Rechnen Sie gut drei Stunden für die Zubereitung des Baumkuchens! Achtung: Alle 5 Minuten will die neue Lage Teig in den Ofen. Ihre Einkäufe sollten Sie bis dahin also abgeschlossen haben. Besser noch: ein hilfreicher Geist hat ein Auge auf Ihren Kuchen während Sie sich um Nudelteig und Grießkuchen kümmern können. Denn auch die Beilage zum Hauptgang können Sie bereits zubereiten und abkühlen lassen. Fleisch und Kräutermasse sollten Sie, auch wenn das Entrecôte abkühlen darf, bevor es gratiniert wird, nicht allzu lange liegen lassen und kurz vor dem Eintreffen der Gäste kühl stellen.

Das kann vorbereitet werden

- Nudeln zum Trocknen aufhängen
- Basilikumsoße reduzieren lassen
- Grießstrudel pochieren und auskühlen lassen
- Entrecôte anbraten
- Kräutermasse auf das Entrecôte auftragen
- Champagnertörtchen kühl stellen

Nicht vergessen!

Frisch gemachte Pasta braucht nur sehr kurz im heißen Wasser um zu garen. Also: nach 2-3 Minuten testen!

So geht's

Als **Julienne** bezeichnet man in feine Streifen geschnittenes Gemüse. Die Lauchstange schneiden Sie daher erst in mehrere gleich große Teile (nicht zu weit ins dunkle Grün hinein), dann jedes Teil in der Mitte durch und schließlich jede Hälfte längs.

Olivenöl sollte nicht zu stark erhitzt werden, sonst verliert es sein typisches Aroma. Das gilt auch beim Braten von Fleisch. Tipp: Erhitzen Sie die Pfanne erst ohne das Öl und geben es erst dann hinein. Dann sofort das Bratgut dazugeben. So verbrennt und raucht nichts.

Übrigens

Ein in der Flasche gereifter **Portwein** ist stabiler als ein im Fass gereifter. Er muss daher nicht sofort nach dem Öffnen konsumiert werden und kann einige Wochen aufbewahrt werden. Deswegen hat er auch einen wiederverschließbaren Stopfen und keinen Korken, wie sein Verwandter aus dem Fass. Dieser muss sogar oft noch dekantiert werden, ist also für den Gebrauch in der Küche eher ungeeignet, aber nichtsdestoweniger köstlich.

Wenn's wirklich perfekt sein soll

Obwohl ein **Nudelteig** im Prinzip mit jeder Mehlsorte gelingt, ist Hartweizengrieß empfehlenswert. Damit wird er elastischer und lässt sich besser ausrollen. Und: Je besser die Qualität der Eier, desto geschmackvoller wird auch die Pasta. Auch das Olivenöl sollte von sehr guter Qualität sein (nativ extra). Den Teig keinesfalls im Kühlschrank ruhen lassen! Achten Sie darauf, die Nudelplatten gleichmäßig auszurollen – und tatsächlich dünn – ca. 1 mm ist ideal.

Achten Sie beim Einkauf darauf, dass der **Lachs** kalt geräuchert wurde. Diese Zubereitungsart ist besonders schonend. Der Fisch hat ein feineres Raucharoma und schmeckt intensiver – was als Gegengewicht zu Basilikum und Lauch außerordentlich gut passt.

Statt der **Steckrüben** können Sie auch die feineren weißen Rüben verwenden. Die werden ebenso verarbeitet, nur, bevor Sie sie in Streifen schneiden, von ihrem Grün befreit.

Die Steckrübe hat einen völlig ruinierten Ruf – wegen des Steckrübenwinters 1918/19, als es in Deutschland außer diesen Rüben so gut wie nichts Essbares gab. Dafür kann aber natürlich die ausgesprochen vielseitige Steckrübe nichts, und darum verdient Dinnerkoch Ralf ein dickes Lob dafür, dass er ihr die Chance zur kulinarischen Rehabilitation gibt.

Basilikumnudeln mit Lauchjulienne und Räucherlachs

Zutaten

Für den Nudelteig

200 g Mehl
1 großes Bund Basilikum
100 g blanchierter Spinat
1 Ei
1 Eigelb
1 Prise Salz
1 EL Olivenöl

Für die Basilikumsoße

4 Schalotten, grob gewürfelt
100 ml Weißwein
400 ml Geflügelconsommé (klare Geflügelbrühe)
100 ml französischer Wermut
200 ml Crème double
1 großes Bund Basilikum

Sonstige Zutaten

2 Stangen Lauchweiß
100 g mild geräucherter Lachs

1 Für den **Nudelteig** das Mehl in eine Schüssel sieben. In einer zweiten Schüssel die gezupften Basilikumblätter, den ausgepressten Spinat, Eier, Salz und das Olivenöl mit einem Mixstab pürieren und durch ein feines Haarsieb passieren. Dabei alle Zutaten gut auspressen. Nun die Basilikum-Eiermasse mit einem Kochlöffel in das Mehl einrühren und das Ganze zu einem festen Vorteig verkneten.

2 Den Teig anschließend mehrmals durch die Walze der Nudelmaschine drehen, bis er schön glatt ist. Dann in Frischhaltefolie einwickeln und ca. 2 Stunden ruhen lassen. Anschließend zu dünnen Platten ausrollen, leicht antrocknen lassen, zu feinen Streifen schneiden und zum Trocknen aufhängen.

3 Für die **Basilikumsoße** die Schalotten in eine Sauteuse geben. Anschließend Weißwein, Geflügelconsommé und Wermut zufügen und fast sirupartig einkochen. Mit der Crème double auffüllen und langsam sämig reduzieren. Zum Schluss die gewaschenen und getrockneten Basilikumblätter hinzufügen und alles mit einem Mixstab pürieren.

4 Jetzt das geputzte Lauchweiß in feine Julienne und den Räucherlachs in mittelgroße Streifen schneiden. Danach die Lauchjulienne al dente dämpfen.

5 Nun die Nudeln in Salzwasser al dente kochen, abgießen und abtropfen lassen. Dann zurück in den heißen Topf geben, mit ein wenig Olivenöl und den Lauchjulienne vermischen und auf heißen Tellern anrichten. Zum Schluss ein wenig Basilikumsoße darüber geben und mit den Lachsstreifen garnieren.

Reichen Sie hierzu eine Riesling Spätlese trocken mit eleganter Säure – vorzugsweise aus dem Rheingau, denn die sind körperreicher als die Verwandten von der Mosel.

Gratiniertes Entrecôte mit gebratenem Grießstrudel und Steckrübengemüse

Zutaten

Für den Grießstrudel
250 ml Milch
80 g Butter
80 g Grieß
2 Eigelb
125 ml Sauerrahm
Salz
Pfeffer
Muskat
2 Strudelteigblätter
100 g (Trüffel)Butter zum Einstreichen und Braten

Für die Entrecôtes
5 Entrecôtes à 200-250 g
etwas Olivenöl
etwas Butter
Salz
Pfeffer aus der Mühle

Für die Kräutermasse
80 g Butter
4 Zweige Thymian
4 Scheiben Toastbrot
2 Schalotten, fein gewürfelt
2 Knoblauchzehen, fein gewürfelt
1 Bund glatte Petersilie, fein gehackt
4 EL Rotwein
1 TL Senf
Salz
Pfeffer aus der Mühle

Für das Steckrübengemüse
400 g junge Steckrüben
20 g Butter
2 TL Zucker
Salz
Pfeffer
Muskat

Ein würziger Côtes du Roussillon-Villages aus einer der heißesten und trockensten Gegenden Frankreichs passt zu diesem deftigen Gericht.

1 Für den gebratenen **Grießstrudel** Milch, 40 g Butter und Grieß aufkochen, dann quellen und auskühlen lassen. Jetzt weitere 40 g Butter und die Eigelb schaumig verrühren. Diese Mischung sowie den Sauerrahm unter den Grieß heben und mit den Gewürzen abschmekken. Anschließend die Strudelteigblätter mit (Trüffel) Butter einstreichen, Grießmasse auftragen und einrollen. Strudel in Frischhaltefolie und Alufolie packen, 1 Stunde in leise siedendem Wasser pochieren und danach auskühlen lassen. Den gekochten Grießstrudel in Scheiben schneiden und in Trüffelbutter goldgelb braten.

2 Die **Entrecôtes** sauber parieren und den kleinen Fettrand mit einem kleinen Messer einschneiden. Anschließend eine Pfanne mit dickem Boden erwärmen, darin das Olivenöl erhitzen und die Butter zufügen. Die Entrecôtes kurz von beiden Seiten darin anbraten, danach auf ein Gitter legen und mit Salz und Pfeffer würzen.

3 Für die **Kräutermasse** die Butter schaumig rühren. Die Thymianblättchen zupfen. Das Toastbrot entrinden und grob zerbröckeln und im Mixer fein zerbröseln. Zusammen mit Schalotten, Knoblauch, Thymian und Petersilie mit der Butter verrühren. Danach mit Rotwein, Senf, Salz und Pfeffer abschmecken und die Kräuterbuttermasse auf die inzwischen abgekühlten Entrecôtes streichen. Zugedeckt kühl stellen und später kurz vor dem Servieren ca. 8 bis 12 Minuten unter dem Backofengrill braun gratinieren.

4 Für das **Steckrübengemüse** die Steckrüben schälen, in Scheiben und dann in kurze Streifen schneiden. Nun Butter in einer Pfanne schmelzen, darin den Zucker karamellisieren und die Rüben dazugeben. Unter ständigem Rühren bissfest garen. Das geht recht schnell. Zum Schluss mit Salz, Pfeffer und frisch geriebenen Muskat würzen.

5 Alles zusammen auf einem vorgewärmten Teller anrichten.

Champagnertörtchen auf Rotweinschaum

Zutaten

Für den Baumkuchen
250 g Butter
250 g Zucker
1 Päckchen Vanillezucker
6 Eier
1-2 EL Rum
150 g Mehl
100 g Stärke
9 g Backpulver
(3 gestrichene TL)

Für das Champagnercreme
2 Eigelb
1 Ei
70 g Zucker
300 ml Champagner
2 Eiweiß
1 Tütchen Gelatine

Für den Rotweinschaum
6 Eigelb
180 g Zucker
125 ml kräftiger Rotwein
125 ml roter Portwein

Für die Deko
gelbe und blaue
Weintrauben
Gebäck nach Wahl

Zum Champagnertörtchen passt ... Champagner natürlich. Oder ein starker, heißer Espresso.

1 Für die **Baumkuchenringe** Butter, Zucker und Vanillezucker schaumig schlagen. Dann 2 Eier, 4 Eigelb (Eiweiß aufbewahren) und den Rum zugeben. Nun Mehl, Stärke und Backpulver sieben und zufügen. Danach das geschlagene Eiweiß vorsichtig unterheben.
2 Von dem Teig eine sehr dünne Schicht in eine breite Kastenform geben und glatt streichen. Bei 175 °C ca. 5 Minuten backen, bis der Teig goldgelb ist (immer wieder die Farbe prüfen!). Nun eine neue Schicht Teig darüber geben und erneut goldgelb backen. Diesen Vorgang so lange wiederholen, bis der Teig aufgebraucht ist. Nach der zweiten Lage eine kleine Schüssel mit kaltem Wasser auf den Backofenboden stellen und ein Backblech auf die Schüssel setzen, damit die ersten Schichten nicht zu dunkel werden. Nach dem Backen Baumkuchenringe ausstechen, in die die Champagnercreme eingefüllt werden kann. Dazu erst mit einem größeren Ring aus dem Baumkuchenausstechen und aus diesem wieder das Innere mit einem kleinen Ring.
3 Für die **Champagnercreme** Eigelb und das ganze Ei verquirlen. Anschließend Zucker und Champagner zugeben und bei mittlerer Hitze zu einer steifen Creme rühren. Danach die Masse vom Herd nehmen und Eischnee und aufgelöste Gelatine unterziehen. In die Baumkuchen-Ringe (siehe oben) füllen und kalt stellen.
4 Für den **Rotweinschaum** Eigelbe und Zucker in einer feuerfesten Schüssel cremig rühren. Die Schüssel in ein warmes Wasserbad setzen. Anschließend Rot- und Portwein erwärmen und unter ständigem Rühren langsam in die Eimasse einfließen lassen. Danach die Creme auf Eiswasser kalt schlagen.
5 Zum Servieren den **Rotweinschaumspiegel** auf einen Teller geben, das Champagnertörtchen platzieren und auf das Törtchen klein geschnittene gelbe und blaue Trauben geben. Nach Belieben mit feinem Gebäck verzieren.

Zucker

Zucker hat einen schlechten Ruf. Er macht dick und die Zähne kaputt. Dabei kommt es, wie so oft, auf das richtige Maß an. Denn Zucker ist auch Nervennahrung. Nichts macht Gäste so glücklich wie eine gelungene Dosis Zucker im Dessert. Je nach Beschaffenheit schmeckt er auch immer wieder anders. Weißer Zucker ist die letzte Stufe der Raffinierung, doch heutzutage bevorzugen viele Köche braunen Zucker wegen seines karamellartigen Aromas. Achten Sie aber beim Einkauf darauf, dass der braune nicht einfach mit Sirup eingefärbter weißer Zucker ist!

Statt Kristall

Farbige Gläser sind nicht teuer und lassen sich immer wieder neu kombinieren. Achten Sie aber darauf, dass der gewählte Wein sich gut mit der Glasfarbe verträgt! Zu Grün passt Weiß besser als Rot.

Statt Serviettenfächern

Wer Servietten nicht lang umständlich falten möchte, rollt sie einfach zusammen und dekoriert mit frischem Grün oder einer hübschen Blüte.

Statt Silberleuchtern

Pergament um niedrige Gläser gewickelt und zusammengesteckt, ein Teelicht hinein, und schon wird der Tisch sanft beleuchtet. Mit dem Namen des Gastes versehen kann das Licht auch als Platzkärtchen dienen!

Einfach und ideenreich

Statt Gesteck

Das spart den Gang zum Floristen. Frisch geschnittene Blüten aus dem Garten, locker mit Grün zu einem Zopf geflochten sind nicht nur hübsch, sondern auch preiswert.

Statt Tischdecke

Es muss nicht immer die gestärkte Tischdecke sein. Eine schlichte Holzplatte ist ebenso schön. Stimmen Sie Ihre Deko auf die Farbe des Holzes ab – wie hier ein knackiges Grün zur hellen Buche.

Menü 20

Jakobsmuscheln in der Sesamkruste auf Hoisin-Zwiebeln und Avocado

Kaninchenfilet und Gambas auf Pflaumengemüse an Gewürzschaum

Garnatxa-Parfait, Creme de Xocolate und Wildpfirsich-Flan

Für Bernd aus Düsseldorf bedeutet Kochen pure Kreativität, die er jeden Samstag in einem 6-Gänge-Menü ausleben kann. Über die Ausstrahlung des Perfekten Dinners hat er eine alte Schulfreundin wieder getroffen, die er 40 Jahre nicht gesehen hatte.

Timing

Die roten Zwiebeln zur Vorspeise werden eingekocht und kaltgestellt. Der Rest – Avocado und Jakobsmuscheln – geht so schnell, dass es empfehlenswert ist, bereits alles auf den Tellern anzurichten, bevor die Muscheln in die Pfanne kommen. So haben Sie tatsächlich eine Chance, die Vorspeise lauwarm zu servieren – so, wie es sein sollte.

Beim Hauptgang jonglieren Sie mit allem gleichzeitig, denn leider kann nichts vorab zubereitet werden. Tipp: Legen Sie sich alles bereits geputzt und geschnitten zurecht.

Die drei köstlichen Komponenten des Nachtisches sind aufwändig, doch die größte Arbeit ist bereits getan, wenn die Gäste eintreffen. Achtung: Das Parfait muss 4 Stunden kalt stehen, dann 3 Stunden vor dem Servieren in eine Eismaschine und dann ins Gefrierfach. Starten Sie also nicht zu spät mit der Zubereitung. Alternativ, falls sie keine Maschine besitzen, können Sie das Parfait auch ins Eisfach stellen, eine Stunde anfrieren lassen und dann alle halbe Stunde rumrühren, damit es nicht zu fest wird. Falls doch: Einfach mit dem Mixer pürieren!

So geht's

Vom **Zitronengras** werden nur die untersten Teile (ca. 15 cm) verwendet. Entfernen Sie die harten äußeren Blätter. Das Ende flach klopfen und in dünne Ringe schneiden (wie in diesem Rezept) oder in einem Mörser fein zerkleinern.

Achten Sie beim Einkauf von **Galgant** – auch Thai-Ingwer genannt – auf eine pralle, saftige und glatte Haut. Das Gleiche gilt auch für Ingwer. Im Kühlschrank halten sich Galgant und Ingwer dann mehrere Wochen. Übrigens: Galgant lässt sich – genau wie Ingwer auch – ganz leicht selbst ziehen, indem Sie ein Wurzelstück in die Erde stekken und austreiben lassen. Wenn Sie Ihrem Gericht nur eine feine Ingwernote geben wollen (manche Gäste reagieren empfindlich auf die Schärfe des Ingwers), reiben Sie ihn, am besten mit einer Muskatreibe.

Frische **Jakobsmuscheln** bekommen Sie nur von Ende September bis Mai – dann haben sie nämlich Saison. In den Sommermonaten müssen Sie auf Tiefkühlware zurückgreifen. In Deutschland wird der orangefarbene Rogen selten mitserviert. In Frankreich dagegen ist er besonders beliebt. Über Geschmack lässt sich ja bekanntlich – gerade in der Küche – streiten.

Das kann vorbereitet werden

- Den Darm aus den Garnelen entfernen
- Blätter der Kräuter zupfen
- Parfait vorbereiten und kalt stellen
- Gemüse putzen und zuschneiden

Nicht vergessen!

Nach dem Garen die harten Zitronengrasstücke entfernen!

Jakobsmuscheln in der Sesamkruste auf Hoisin-Zwiebeln und Avocado

Zutaten

Für die Zwiebeln

4 rote Zwiebeln, in feine Ringe geschnitten

Balsamicoessig (ca. 5 Jahre alt)

2 EL helle Sojasoße, nach Geschmack

1 EL Hoisin-Soße (aus dem Asia-Laden)

Für die Jakobsmuscheln

2 Avocados (nicht zu reif, nicht zu hart)

Zitronensaft

Sesamsamen (aus dem Reformhaus)

10 frische Jakobsmuscheln (ohne Rogen)

Sesamöl

Für die Deko

grüne Kresse

Kapuzinerkresseblüten

ggf. etwas sehr alten Aceto Balsamico für die Garnitur

1 Rote **Zwiebeln** in einen Topf geben und mit Aceto Balsamico bedecken. Anschließend Sojasoße und Hoisin-Soße zugeben. Dann bei schwacher Hitze stark einköcheln lassen, dabei immer wieder durchrühren. Danach die Flüssigkeit abgießen und die aromatisierten Zwiebeln kalt stellen.

2 Die Avocados schälen und das Fruchtfleisch in grobe Würfel schneiden. Mit Zitronensaft marinieren und ebenfalls kalt stellen.

3 Die Sesamsamen ohne Fett in einer heißen Pfanne rösten. Achtung: Sesam enthält viel Öl, daher werden die Samen leicht schwarz. Deshalb ständig wenden!

4 Die **Jakobsmuscheln** je nach Dicke in ca. 1 cm dicke Scheiben schneiden. Sesamöl in einer Pfanne erhitzen (am besten eine Steakpfanne verwenden, die den Muscheln ein schönes Grillmuster geben) und die Muscheln auf jeder Seite maximal 20 Sekunden anbraten. Dabei zweimal wenden. Danach jeweils eine Seite der Muscheln in den gerösteten Sesam drücken.

5 Zum Servieren die Avocadowürfel auf den in Ringe geschnittenen Zwiebeln anrichten und die Jakobsmuschelscheiben abwechselnd mit der panierten und nicht panierten Seite auflegen.

6 Zum Schluss mit ein paar Tropfen altem Aceto Balsamico beträufeln und um das Arrangement Kresse und Blüten streuen.

Bernd entschied sich für eine süffige Scheurebe Kabinett zu seiner Vorspeise.

Kaninchenfilet und Gambas auf Pflaumengemüse an Gewürzschaum

Zutaten

Für das Pflaumengemüse

Butter
5 feste, blaue oder gelbe Pflaumen, entkernt und gewürfelt
80 g getrocknete Pflaumen, klein geschnitten
1 Bund Frühlingszwiebeln, geschnitten
100 ml Ume (Pflaumenwein)

Für die Kaninchenfilets

10 Kaninchenfilets (alternativ 3 vom Metzger ausgelöste Kaninchenrücken)
Pfeffer
Salz
Öl

Für die Riesengarnelen

5 Riesengarnelen
Speisestärke
Butter oder Öl

Für die Beilage

300 g Basmatireis

Für den Gewürzschaum

1 Bund Thymian (am besten Zitronenthymian)
1 Bund Majoran
1 Bund Koriander
1 Stange Zitronengras
1 Stück Galgant (Thai-Ingwer), ca. 2 x 2 cm (ansonsten normaler Ingwer)
1 Schote Bourbon-Vanille
250 g Halbfettbutter
3 Eigelb
Akazienhonig
Balsamicoessig (weiß)

Für die Deko

Korianderblätter
Orchideenblüten

1 Für das **Pflaumengemüse** etwas Butter in eine Pfanne geben und die Pflaumen und Frühlingszwiebeln darin anschmoren. Dann mit einem Schluck Ume ablöschen und im Ofen warm halten.

2 Die **Kaninchenfilets** pfeffern und salzen, auf beiden Seiten in Öl 2 Minuten anbraten, dabei zweimal wenden, in Alufolie geben und ebenfalls im Ofen warm halten.

3 Die **Riesengarnelen** säubern und Darm entfernen. In Stärkepulver wälzen und in Butter (oder Öl) scharf anbraten, bis sie leuchtend rot werden. Danach die Pfanne vom Herd nehmen.

4 Für die **Beilage** den Reis nach Vorschrift kochen.

5 Für den **Gewürzschaum** Thymian-, Majoran- und Korianderblätter zupfen, einen halben Stängel Zitronengras in feine Ringe schneiden, den Galgant hacken und die Vanilleschote aufschlitzen. Jetzt in einem Wasserbad 250 g Butter und die Eigelb zu einer cremigen Masse verrühren und Thymian-, Koriander- und Majoranblätter, Zitronengrasringe und den Galgant sowie das ausgekratzte Vanillemark hinzugeben. Die Masse mit einem Schneebesen weiter schaumig schlagen. Mit einem Fingerhut Honig und ein paar Spritzern weißem Balsamico abschmecken.

6 Zum Servieren den Reis in Timbale-Formen geben. Kaninchenfilets und Riesengarnelen auf Tellern anrichten, mit dem Gewürzschaum übergießen, das Pflaumengemüse daneben geben und die Reis-Timbalen stürzen. Den Teller mit Korianderblättern verzieren. Eventuell eine Orchideenblüte auf den Reis setzen.

Hierzu passt ein nicht zu schwerer, geschmeidiger Rotwein mit elegantem Beerenaroma, wie eine Cuvée aus Merlot und Cabernet, etwa aus dem spanischen Weinanbaugebiet Somontano.

Garnatxa-Parfait, Creme de Xocolate und Wildpfirsich-Flan

Zutaten

Für den Flan vom Wildpfirsich
1 Blatt Gelatine
Milch nach Bedarf
1 Paket Flan-Pulver (alternativ Puddingpulver mit gepulverter Gelatine versetzen)
3 Wildpfirsiche
Balsamicocreme

Für die Creme de Xocolate
6 Eiweiß
200 g Zartbitter-Kuvertüre (keine Schokolade mit hohem Kakaogehalt verwenden – das wird zu bitter!)
2 Orangen
1 getrocknete Chilischote
1 Schuss Orangenlikör
1 Biskuitboden (alternativ: eine Rolle Blätterteig)
Puderzucker

Für das Garnatxa-Parfait
jeweils 50 g dunkle und helle Kuvertüre, fein gehackt
200 g Puderzucker
4 Eigelb
500 ml Sahne
50 ml Garnatxa (oder anderen roten Süßwein)

Für die Deko
Beeren
Hohlhippen

Probieren Sie hierzu einen Süßwein, der zu 100% aus der Garnatxa-Traube hergestellt wird.

1 Für den **Wildpfirsich-Flan** die Gelatine in kaltem Wasser quellen lassen. Milch zum Kochen bringen und Flan-Pulver nach Vorschrift einrühren. Anschließend die Gelatine ausdrücken und unterrühren. Die Wildpfirsiche schälen, entsteinen und pürieren. Das Püree unter die Flanmasse heben und alles in schlanke Gläser abfüllen. Nach dem Gelieren Balsamicocreme darauf geben.

2 Für die **Creme de Xocolate** die Eiweiß steif schlagen. Kuvertüre im Wasserbad schmelzen und unter den Eischnee heben, bis sich eine homogene Creme gebildet hat.

3 Orangen waschen, Zesten abreiben und klein hakken. Das Fruchtfleisch der Orangen in Filets schneiden und für die Deko beiseite stellen. Dann die Chilischote entkernen und klein hacken. Orangenzesten und Chiliraspeln unter die Creme geben und gut durchrühren. Zum Schluss mit einem Schuss Orangenlikör abschmekken (Orangenlikör nie in das Wasserbad mit der Schokolade geben – das klumpt!) und kalt stellen. Aus dem Biskuitboden 10 bis 15 Kreise (ca. 5 cm Durchmesser) stanzen. Sobald die Schokoladencreme etwas dicklich geworden ist, jeweils 10 Taler damit bestreichen (besser: mit Dekorspritze aufbringen) und 5 Türmchen zusammensetzen. Jeden Turm mit Puderzucker und Orangenfilets garnieren. Dann kalt stellen.

4 Für das **Garnatxa-Parfait** die Kuvertüre fein hacken. Dann Puderzucker und Eigelb im Wasserbad cremig schlagen. Sahne steif schlagen und die Zucker-Eier-Masse unterheben. Verrühren, bis eine homogene Masse entsteht, dann die gehackte Schokolade und den Garnatxa hinzugeben, verrühren und mindestens 4 Stunden kalt stellen – die letzte Stunde am besten ins Gefrierfach. Die Masse 3 Stunden vor dem Servieren in eine Eismaschine geben und anschließend im Gefrierfach aufbewahren.

5 Zum Anrichten große Teller mit Puderzucker bestreuen, jeweils ein Glas mit einem Pfirsichflan, ein Schokoladencremetürmchen und eine Kugel Parfait anrichten. Mit frischen Früchten und Hohlhippen garnieren.

Register

Amarettocreme 14, 18
Amarettotörtchen 92, 96
Anchovisoße 98, 100
Äpfel 91
Apfelaspik 9
Artischocken 118
Artischockenpüree 104, 108
Austernpilzsalat 92, 94
Balsamico-Feigensoße 84, 88
Barolojus 104, 108
Basilikum-Gnocchi 92, 94
Basilikumnudeln 142, 144
Baumkuchen 142, 148
Beerenfrucht 20, 22
Beerenspiegel 104, 110
Belugalinsen 29
Birne 67
Birnentarte 60, 66
Biskuitringe 96
Brombeer-Balsamico-Kompott 72
Brunnenkressepesto 126, 128
California-Tunasteak 112, 114
Cantuccini-Amaretto-Creme 54, 58
Cavatielli 118, 120
Champagnertörtchen 142, 148
Chilizucker 112f
Crêpe 105
Dattel 35
Dorade 126, 130
Eisguglhupf 98, 102
Entenbrust 84, 88
Entrecôte 142, 146
Erdbeeren 111
Erdbeerpüree 58
Farce 64
Feldsalat 98f
Fischspieß 8, 10
Forelle 129
Forellenfilet 126, 128
Friséesalat 68f
Gambas 152, 154
Gamberi 118f
Ganache 68, 72
Garnatxa-Parfait 152, 156
Garnelen 104, 106
Geflügelfarce 40
Gemüsestrudel 8, 10
Grießstrudel 142, 146
Hasenfilet 40
Heu 20
Himbeere 141
Himbeersüppchen 134, 140
Hirschkugel 46, 50
Holunderblütenjus 46, 52
Honigeis 28, 34
Insalata di Carciofi 118f
Jakobsmuschel 60, 62, 74, 78, 152f
Joghurt-Granita 112, 116
Johannisbeeren 116
Kalbsbraten 54, 56
Kalbsfilet 54
Kalbshachse 16
Kaninchenfilet 152, 154
Kardamon 27
Kartoffelchips 86
Kartoffel-Meerrettich-Dressing 98f
Kartoffelstampf 60, 64, 85
Kartoffeltaler 21
Kerbelschaum 136
Kirschtomaten 112f
Kirschtörtchen 36, 42
Knoblauchkrokant 92f
Kobe-Rind 98, 100
Kokosrisotto 74, 78
Kräuterseitling 85, 88
Kürbis 20
Lachs 30
Lachstatar 84, 86
Lammkarree 28, 32
Lammsoße 28, 32
Lauchjulienne 142, 144
Läuterzucker 37, 42
Limonenvinaigrette 62
Lotte (s. auch Seeteufel) 118, 120
Madeirajus 92, 94
Mandelbiskuit 80
Mandelpolenta 28, 32
Mango 18
Mango-Chili-Ragout 98, 102
Mangopüree 26
Mangoquark 126, 132
Maronensoße 36, 40
Matjes-Joghurt-Terrine 8f
Milchreis-Soufflee 28, 34
Möhrensüppchen 104, 106
Morchelsoße 134, 138
Mousseline 104, 106
Muskat 47
Ochsenschwanz 68, 70
Orangenbutter 136
Orangen-Fenchelsalat 8, 12
Orangenlikörcreme 12
Orangenmarmelade 48
Orangenparfait 8, 12
Ossobuco 14, 16
Paprika 54
Paprikamarmelade 62
Paprikaschaumsüppchen 54f
Parmesanchips 112f
Passionsfrucht 81
Passionsfruchttörtchen 74, 80
Perlhuhn 134f, 138
Pesto 24, 69
Petersiliensoße 30
Pflaumengemüse 152, 154
Pfifferlinge 50
Pistazienbiskuit 74, 76
Quiche 46ff
Quittenparfait 60, 66
Rapunzelsalat 14f
Ratatouille 70
Räucherlachs 142, 144
Rehrücken 60, 64
Ribeye 98, 100
Rind 20, 24
Rinderbraten 104, 108
Rinderfilet 24
Rindermedaillons 92, 94
Risotto-Reis 134, 136
Rotbarbenfilet 68f
Rote Beete 61
Rotwein-Apfel 84, 90
Rotweinschaum 142, 148
Rotweinsoße 58
Saltimboccaröllchen 14f
Savora-Senf 61
Scampi 74, 78
Schoko-Amaretto-Mousse 26
Schokolade 20, 26
Schokoladenhippen 42
Schokoladenmousse 42, 80
Schwarzwurzeln 36f, 40
Seeteufel (s. auch Lotte) 14f
Seeteufelbäckchen 134, 136
Selleriemousse 126, 128
Semifreddo al basilico 118, 122
Senfmousse 84, 86
Serviettenknödel 37
Sesamkruste 152f
Sommerpilze 54, 56
Spanferkelrücken 68, 70
Spargel 16, 30
Spargel-Lachs-Lasagne 28ff
Speckwirsing 46, 50
Spinatsalat 104ff
Steckrübengemüse 142, 146
Steinpilz 47, 60, 64
Strudel 8, 10
Tagliatelle 14, 16
Tatar 36, 38, 84, 86
Thai-Curryschaum 74, 78
Toffee-Brownies 84, 90
Tomatenconsommé 74, 76
Tomatenrisotto 126f
Tomatenschaum 74, 76
Tomaten-Sherry-Macchiato 92f
Topfencreme 46, 52
Vanillebett 92, 96
Vanille-Mohnnocke 26
Vanilleschaum 98, 102
Wacholderbeeren 47
Wacholder-Rahm 46, 50
Waldbeerensoße 26
Walnusskrokant 92, 96
Wasabischaum 28, 30
Weintraubenbeignet 134, 140
Wermut-Thymiansoße 8, 10
Wildhasenfilet 36f, 40
Wildkräuter 68
Wildpfirsisch-Flan 152, 156
Wokgemüse 138
Zabaione 60f, 66
Zander 98f
Zitronen-Crêpe 104, 110
Zitrusfrüchte 53
Zucker 149
Zwiebel 39